授業の腕が上がる新法則シリーズ

「図画工作」
1〜3年生編
授業の腕が上がる新法則

監修 **谷 和樹**

編集 **酒井臣吾・谷岡聡美**

☀学芸みらい社
GAKUGEI MIRAISHA

JN117417

刊行のことば

谷 和樹 (玉川大学教職大学院教授)

1 「本人の選択」を必要とする時代へ

今、不登校の子どもたちは、どれくらいいるのでしょうか。

約16万人[1]

この数は、令和元年度まで6年間連続で増え続けています。小学校では、144人に1人、中学校では、27人に1人が不登校です。

学校に行けない原因が子どもたちにあるとばかりは言えません。もちろん、社会環境も変化していますから、学校にだけ責任があるとも言えません。しかし、学校の授業やシステムにも何らかの問題があると思えます。

以前、アメリカでPBIS（ポジティブな行動介入と支援）というシステムを取り入れている学校を視察しました。印象的だったのは「本人の選択」という考え方が浸透していたことです。その時の子ども本人の心や体の状態によって、できることは違います。それを確認し、あくまでも本人にその時の行動を選ばせるという方法です。

これと教科の指導とを同じに考えることはできないかも知れません。しかし、「本人の選択」を可能にする学習サービスが世界的に広がり、増え続けていることもまた事実です。例えば「TOSSランド」は子ども用サイトではありませんが、お家の方や子どもたちがご覧になって勉強に役立てることのできるページもたくさんあります。他にも、次のようなものがあります。

---
①オンラインおうち学校[2]
②Khan Academy[3]
③TOSSランド[4]

さて、本書ではこうしたニーズにできるだけ答えたいと思いました。

> 激動する社会の変化に対応する教育へのパラダイムシフト〜子どもたち「本人の選択」を保障する考え方、そして幅広い「デジタル読解力」を必須とする考え方を公教育の中で真剣に考える時代が到来しつつあります。

　そこで、教師の「発問・指示」をきちんと示したことはもちろんですが、「他にもこんな選択肢がありますよ」といった内容にもできるだけ触れるようにしています。

2　「デジタルなメディア」を読む力

　PISA2018の結果は、ある意味衝撃的でした。日本の子どもたちの学力はそれほど悪くありません。ところが、「読解力」が前回の2015年の調査に続いて今回はさらに落ちていたのです。本当でしょうか。日本の子どもたちの読解力は世界的にそれほど低いのでしょうか。実は、他のところに原因があったという意見もあります。

> パソコンやタブレット・スマホなどを学習の道具として使っていない。

　これが原因かも知れないというのです。PISAがCBTといってコンピュータを使うタイプのテストだったからです。
　実は、日本の子どもたちはゲームやチャットに費やす時間は世界一です。ところが、その同じ機械を学習のために有効に使っている時間は、OECD諸国で最下位です。もちろん、紙のテキストと鉛筆を使った学習も大切なことは言うまでもありません。しかし、写真、動画、Webページなど、全教科のあらゆる知識をデジタルメディアで読む機会の方が多くなっているのが今の社会です。
　そうした、いわば「デジタル読解力」について、今の学校のカリキュラムは十分に対応しているとは言えません。
　本書の読者のみなさんの中から、そうした問題意識をもち、一緒に研究を進めてくださる方がたくさん出てくださることを心から願っています。

※１　文部科学省初等中等教育局児童生徒課『平成30年度児童生徒の問題行動・不登校等生徒指導上の諸課題に関する調査結果について』令和元年10月　https://www.mext.go.jp/content/1410392.pdf
※２　オンラインおうち学校（https://www.alba-edu.org/20200220onlineschool/）
※３　Khan Academy（https://ja.khanacademy.org/）
※４　TOSSランド（https://land.toss-online.com/）

はじめに

　2020 年 4 月より新指導要領の完全実施が始まります。新指導要領では、「アクティブ・ラーニング」の観点から、「主体的・対話的な深い学び」が必要であることが挙げられています。では、どのような授業をすればよいのでしょうか。大丈夫です。実は、今までの授業をちょっと工夫するだけでよいのです。

　本書は、新指導要領の改定の 3 つのポイントに沿って書かれています。

1　子どもが、主体的に学ぼうとする意欲を高める発問
2　子どもが、対話する場の設定
3　子どもが、他教科の知識と結びつけて考えることができる題材の設定

　まず、「主体的に学ぼうとする意欲を高める」ための発問を工夫しました。従来の図工の授業は、明確に教師が指示し、児童が指示通り描いたり作ったりする受動的な授業が多かったのではないでしょうか。しかし今回は、描き方、作り方を指示するというよりも、児童に描き方、作り方を一度考えさせ、行う主体的な流れに変更しています。

　例えば、今までならば「せんせいのかお」を描く際は、

先生の顔を描きます。まず、鼻のあなを描きます。

と、教師の指示で行っていました。しかし、本書では

これらの絵は何年生の子どもたちが描いたのかな？
絵の良いところ、すてきなところを見つけてみましょう。
顔の中の何が描かれていますか。お隣さんと言い合ってごらん。
この中のどこから描き始めたらいいかな。

と子どもの思考に沿い、発問する流れになっています。この発問によって、子どもが主体的に考え、学ぼうとする意欲を高めることができると考えました。

次に、多くのシナリオに「子どもが対話する場の設定」を行いました。アクティブ・ラーニング型の学習形態として「対話」し、意見交換したり、考え方を共有することが重要視されています。そこで、でき上がった作品を友達同士で鑑賞し合ったり、制作途中で、アドバイスし合ったりする活動、できた工作で遊んだりする活動を取り入れました。「対話」することで、学習が深まるのみでなく、自分の作品に自信を持ち、自己肯定感が高まる効果もあるとも考えました。

　さらに、「他教科の知識と結びつけて考えることができる題材の設定」を行い、より「深い学び」を目指しました。各学年ごとに「他教科の学びを生かす」と章立てし、生活科、理科、国語などの学習と関連づけたシナリオを配置しました。他教科と関連づけることで、教科の相乗効果で、より確かな知識の積み上げができると考えたからです。

 作品の
動画配信を
しています。
→

　加えて、本書は、シナリオごとに、制作過程の動画を挙げるという試みを行いました。ページ中にあるQRコードを読み取れば、動画が見られるようになっています。図画工作科の教科の特性上、文章だけでは伝わりづらい部分があります。子どもに指導する際には、事前に、動画を見て、実際に作品を作ってみることをお勧めします。指導者が、事前に制作体験をしておくこと、見本を作っておくことで、子どもへの指導のポイントが分かり、子どもの不安を軽減することにもなると考えました。

　戦前の図画工作科は、物事を正確に写す「技術」が重視され、戦後は、教育改革がされ、「創造性や個性」が重視されました。時代によって図画工作科の学習は変化しています。そして、今回の改定では、「知識、技能」、「思考力、判断力、表現力，」「学びに向かう人間性」とバランスよく力をつけてゆくことが重視されています。そんな時代に、本書が、少しでも日々の図画工作科の授業に役立ち、絵や工作を制作することが好きな子どもが１人でも増えるよう、願っております。

　最後に、本書作成にあたり、酒井式描画指導法研究会主宰、酒井臣吾氏よりそれぞれのシナリオへのコメントをいただいたこと、また、TOSS 大阪みおつくしの神谷祐子氏に指針を立てていただいたこと、学芸みらい社の樋口雅子氏に出版への道を示していただいたことを、この場を借りてお礼申し上げます。

2020 年 2 月　谷岡聡美

I　1年生

もくじ

Ⅲ ３年生

もくじ

〈 教科書対応ページ一覧表 〉

だいすきな　せんせいの　かお

▶▶ 小学校１年生が考え、話し合いながら楽しく絵を描くことができる。

1　準備物

白画用紙（8つ切り）、やわらかいクレヨンまたはパス、
ティッシュペーパー、綿棒、見本作品

顔の描き方の
動画配信を
しています。
➡

2　本単元で学習するポイント

▶絵の具と用具のいろいろな使い方を試しながら、表し方を考える。

▶自分のイメージに合った方法で、金魚が泳いでいる様子を絵に表す。

3　単元の流れ（全３校時）

1. 描き方を考え、話し合いながら、「かたつむりの線」（ゆっくりと集中して描く線）で「先生の顔」を描く。（45分×2）
2. きれいに着色する秘密を考え、話し合いながら、クレヨンで着色する。（45分）

4　「せんせいのかお」を描く

これらの絵は何年生の子どもたちが描いたのかな？

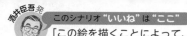
このシナリオ "いいね" は "ここ"

「この絵を描くことによって、先生を一層身近に感じ親しみを抱くことができる」

1年生の1学期に描いた絵であることを告げ、自分たちも挑戦しようとする意欲を高める。

> 絵の良いところ、すてきなところを見つけてみましょう。

「○○がある」「○○がかわいい」など、見つけられたら必ずほめるようにする。

> 顔の中の何が描かれていますか。お隣さんと言い合ってごらん。

鼻、口、目、まつ毛、まゆ毛、耳、あご、ほっぺ、髪の毛。

> この中のどこから描き始めたらいいかな。

鼻のあなであることを見つけ出させる。
鼻のあなのパーツが、子どもたちのイメージではどんな形に似ているのかを挙げさせる。

（例）

←ウインナー
←ピーナッツ
←豆

> 絵の下描きを始めます。緑（深緑）かこげ茶のクレヨンを持ちましょう。

【確認事項】　① クレヨンが汚れていないか。（ティッシュ等で拭き取らせる）
② 画用紙の向き。（縦向きに）
③ 描き始めの位置。（指で押さえる）
④ 起点と終点の確認。（指でなぞらせる）
⑤「かたつむりの線」でゆっくりと。（集中できるように）

> 次はどこを描くと思いますか。

【鼻の後に描く順番とポイント】

① □ 　子どもたちが描いた鼻の大きさや位置を確認しながら、上唇の大き
　　　　さや形を整えていく。口は開けていても閉じていてもよい。

② 目 　目玉はまだ描かないように注意する。目を描かせる位置も、だいた
　　　　い手で押さえさせて確認してから描くようにする。上向き、下向き、
　　　　右向き、左向きなど、さまざまな例を示して、どちら向きにするか
　　　　を決定させてから描くようにする。

③まつ毛 　目の大きさのバランスを考えながら、まつ毛の長さなども個別指導
　　　　で調整していく。

④まゆ毛 　まゆ毛が顔の真ん中から外側に流れているのを体感させながら、「ゲ
　　　　ジゲジ」と1本ずつ描かせる。

5 「せんせいのかお」を着色する

（作品例を見て）肌の色は、どの色のクレヨンを使っているのかな？

黄土色　うす橙　オレンジ　ピンク

色の塗り方の秘密があります。きれいに塗る秘密を考えましょう。

▲クレヨンを強く持ってごしごし塗るところ、やさしくつまんでふわふわ塗るところの強弱をつける。

▲顔全体に黄土色やうす橙を混ぜて塗っていく。下描きの線をふまない。ティッシュペーパーで塗り広げたり、綿棒で下描きの線との隙間を埋めたりしながら進める。

▲赤やピンク、オレンジでほおのあたりをやわらかく塗る。うす橙で顔全体を重ね塗りして、色の変化をつける。

口を着色
赤やピンク、オレンジとうす
橙の重ね塗り。

髪、まゆ毛を着色
茶色を基本にして着色。
下書きの線は塗りつぶさな
い。線の間に面塗り。

目を着色
こげ茶が基本。黒目ばかりに
ならないように。
三白眼にならないように。

【着色成功のポイント】

① 彩色の強弱をつけるために、「ふわふわ」「ごしごし」「きゅきゅ」など、呪
　文の言葉を考えさせながら行うと効果的。

② ふわふわ塗る時は、クレヨンを斜めにつまみ持ちをして、面で塗る。

③ 使わないクレヨンはその都度、箱にしまわせて、画用紙の上に置きっぱなし
　になって紙を汚すことがないようにする。

6 作品鑑賞会を行う

> お友達が描いた絵を見て、好きなところ、良いところを発表しましょう。

　まずは、5〜6枚の作品を示して、1枚ずつ好きなところ、良いところを
発表させていく。

　「ほっぺたのやわらかさがよく出ています」

　「目がいきいきとしているのが好きです」　など。

　子どもたちが発見したこと、発表したことに、「天才！」「よく見つけたね」
のように、ほめていくことで、絵の見方の視点が広がっていき、より深い学び
につながっていく。

（神谷祐子）

たのしく　うたっておどる
3びきの子ぶた

▶▶ 子ぶたのうれしい気持ちを想像しながら描くことができる。

1 準備物

白画用紙（4つ切り）、黒または紫マジックペン、

やわらかいクレヨンまたはパス、綿棒、

白色コピー用紙、中厚口コピー用紙（クリーム色かうすピンク色）、

のり、見本作品、絵の具セットまたは水色画用紙と黄緑色画用紙

作品の
動画配信を
しています。

2 本単元で学習するポイント

▶動きを表す3つのポーズ（①手足の動き　②逆さ顔　③逆立ち）を描くことができる。

▶クレヨンと綿棒で塗る描画法。

3 単元の流れ（全4校時　色画用紙バージョン／全5校時　白画用紙バージョン）

1.「手足の動き」のある子ぶたを描いて、塗る。（45分）

2.「逆さ顔」の子ぶたを描いて、塗る。（45分）

3.「逆立ち」の子ぶたを描いて、塗る。（45分）

4.レンガの家を描き、3びきの子ぶたとレンガの家を貼る。
　花や太陽をクレヨンで描く。（45分）

5.空と地面を絵の具で塗る。（45分）

4「手足の動き」のある子ぶたを描いて、塗る（45分）

まず、「3びきの子ぶた」の話を語って聞かせる。

> 狼はあきらめて逃げていきました。3びきの子ぶたさんたちは、
> 大喜びで家から飛び出し、ダンスをしたり歌ったりしました。

「よかったなあ」「助かったあ！」という喜びと安堵の気持ちを膨らませる。

> うれしい時、どんな喜び方をしますか？　やってみてください。

「ジャンプする」「踊る！」など、実際にさせてみて表情と体の動きの特徴を
言わせる。

> どんな順番で描くと、喜んでいる子ぶたさんを表現できるでしょうか。

初めは、一番上のお兄さんを描く。

① 頭を描く。

② 胴を描く。

③ 手を描いてつなぐ。

④ 足を描いてつなぐ。

⑤ 服を描く。

⑥ 色を塗る。

　1年生は、何事も初めて。コピー用紙に十分練習させてから、本番用紙に描くと、安心して取り組める。着色は、地の色を生かして部分的に塗ると、子どもたちの作業量が軽減する。洋服の模様は自由に発想させて描かせるが、作業が進まない子どもには、「教師見本を写してごらん」と助言する。

5 「逆さ顔」の子ぶたを描いて、塗る（45分）

① 「真ん中のお兄さんは、上を向いて大喜びをしています」と言って、まず思い思いに自分の体で喜びを表現させる。それから教師が黒板に描いて見せる。描き方は、先の「手足の動きのあるぶた」と一緒。

② 一つ一つ順番を確認しながら教師と一緒に逆さ顔の本番描きをする。
　ぶたの顔を普通の向きで描いてから回転させて逆さ顔にする子どもがいるが、それはさせずに、逆さに描くことに慣れさせたい。
　※いきなり本番用紙に描かせるか、コピー用紙に練習をさせてから本番用紙に描かせるかは、児童の実態に合わせて選ぶとよい。

③ クレヨンで彩色する。クレヨンが行き届かない隅々は綿棒を使うときれいに塗ることができる。そのきれいさに子どもたちは感動する。

6 「逆立ち」の子ぶたを描いて、塗る（45分）

① 「一番下の子ぶたさんを描きます。今日は、逆立ちのぶたさんです」

② 教師も子どもたちと一緒に黒板に描きながら本番描きをする。大胆に手足を曲げている児童、ぶたさんの気持ちになって描いている児童を大いにほめる。

7 レンガの家を描き、3匹の子ぶたとレンガの家を貼る・花や太陽をクレヨンで描く（45分）

① レンガの家を画用紙に描かせる。大きく描くと画用紙に入りきらないため、小さめに。レンガの家があると、物語「3びきの子ぶた」の雰囲気が出る。児童の自由な発想で、思い思いのレンガの家を描かせる。

> 3びきの子ぶたさんたちとレンガのお家を、画用紙のどの場所に貼るといいかな。いろいろ試してみよう。

▲児童の描いた「レンガのお家」

② 自分が良いと思う場所に置いたら、立って友達の作品の配置を見に行く。置き方を変えると、雰囲気が変わることに気付き、児童はさらにあれこれと試していく。配置が決まったらのり付け。太陽や雲、草花をクレヨンで描き込む。

8　空と地面を絵の具で塗る（45分）

【色画用紙バージョンの場合】

黄緑色の画用紙を準備し、なだらかなうねりをつけて切る。➡水色の画用紙と黄緑色の画用紙を重ねて貼る。➡子ぶたを貼る。➡家を貼る。➡太陽・雲、草・花をクレヨンで描く。

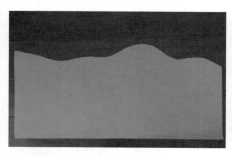

【絵の具バージョンの場合】

1年生は、絵の具を使うことをとても楽しみにしている。空と地面を絵の具で塗らせるのもよい。絵の具と水の分量のバランスを教えながら、空は、青色絵の具、地面は、茶色または緑色・黄緑色に水をたっぷり含ませて塗る。

子ぶたたちのうれしい歌声や楽しいダンスがあふれた愛らしい作品になる。

（本間尚子）

かいじゅうとおさんぽ

▶▶ 想像したことをもとに、楽しく絵を描くことができる。

1 準備物

作品の
動画配信を
しています。

白画用紙、黒上質紙（厚口）、白上質紙、
水性サインペンなどの顔料ペン、鉛筆、水彩絵の具、
黒の油性ペン、やわらかいクレヨンまたはパス、刷毛、
はさみ、のり、見本の作品

2 本単元で学習するポイント

▶切り貼りによる、表現の面白さ。
▶刷毛を使った塗り方。
▶人物の動きの描画法。

3 単元の流れ（全5校時）

1. 自分ならどんな怪獣とどんなところを散歩したいかを考え、話し合いながら怪獣を描く。（45分×3）
2. 自分は怪獣と何をしているかを考え、話し合いながら自分や友達を描く。（45分）
3. 背景に何を描いたらよいかを考え、話し合いながら背景を描く。（45分）

4 お話を聞き「空」を塗る

「ある日、花子ちゃんは優しい怪獣とお散歩をする夢を見ました。怪獣は、花子ちゃんを背中に乗せてリンゴのなる木の小道を通り、素敵なお花畑に連れて行ってくれました……」
　自作の物語を語り、絵を見せる。

> みんななら、怪獣とどこをお散歩してみたいですか。

恐竜の好きな子は、空を飛んだり海を泳いだりしたいというかもしれない。
発表したことはすべて認め、意欲をもたせる。

> 青空、夕焼け空、いろんな空があるけど、どんな空にしたいかな。

自分の選んだ色で空から塗る。青空なら青、夕焼けなら朱色やピンクで塗る。
その後、お散歩したいところに合わせて地面を入れたり海を入れたりする。

空や地面は、刷毛を使うと速く簡単に塗ることができる。

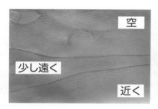  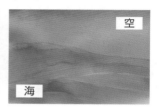

5 怪獣を描く

> みんなはどんな怪獣に乗ってみたいかな。

「首が長い怪獣」「空飛ぶ怪獣」「海を泳ぐ怪獣」など色々出る。出てこない
場合は参考作品を見せ、「こんな怪獣はどう？」と意欲を喚起する。

次に黒上質紙に、白クレヨンで怪獣を描く。描く順番は、①胴、②顔、③首・
しっぽ、④手足である。④は手足の代わりに翼やひれにしてもよい。

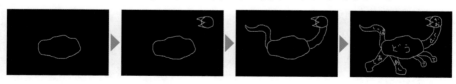

顔を描く時には、○を描いてからくちばしのよ
うに口を付ける。全部描き終わったら部品の名前
を書いて切り取る。切り取ったものは、色を塗っ
た画用紙の上に並べてみる。並べる時には、線が
見えないようにひっくり返して並べる。ひっく

り返すと向きは思い描いていたものと逆になる。

① 描いた時と同じ向きに置く。

② 足の曲がりなどが気になる時は関節でバラバラに切って並べる。

　以上のことに気を付ける。さらに、構図の追求をさせる。

あなたは怪獣とお散歩しながら何をしていますか。

怪獣をいろいろ動かしてごらん。できたら近くの人と見せ合いっこします。

　部品を動かしてどんな構図がよいか考えさせる。その後、「怪獣が振り返っているね」「伸び上がってるみたい」と、友達の良いところを伝え合わせる。

のりははみ出すようにぬる

　構図が決定したら、鉛筆でおおざっぱになぞらせて、のり付けする。のりは、部品の端にはみ出すように塗るときれいに付く。

怪獣に素敵な模様を付けよう。何色が似合うかな。

　模様は水性サインペンなどの顔料ペンで付ける。体全体に付けず、一部に付けたほうが黒が引き立つ。

　怪獣の顔には、口や歯を描く。

舌を描いてもよい。口や舌は赤の水性サインペンで塗らせる。

怪獣に付け足したいものはありませんか。

　「爪」「背びれ」「頭に角」「尻尾にとげとげ」など出てくる。おしゃれな帽子

をかぶせてもよい。大いに工夫させる。

6 自分や友達を描く

「おしゃべり」「シャボン玉」「逆立ち」「お昼寝」など、自分がしたいことを絵に表す。動きのある人物の描き方を教えると、子どもたちは描きたい動作を描くことができる。人物は顔、胴、手、足、服の順番で描く。

水性サインペンや絵の具で色を塗ったら切り取り、貼る。

友達も同様に描いて切り取り、貼る。

7 背景を描く

> 周りに何を描きたいですか。近くの人と交流してごらん。

「お空にヘリコプターを飛ばしたい」「海の中でイルカと競走しているようにしよう」「木には赤と黄色のリンゴが実ってるよ」など。

背景は、参考作品を見せながら自由に描かせる。絵の具やクレヨン、水性サインペンなど、何を使って描いてもよい。完成したら全員で鑑賞会を行う。

（佐々木智穂）

むしにのって　そらをとんだよ

▶▶大好きな虫に乗っている自分を想像して、楽しく絵を描くことができる。

1　準備物

厚口白画用紙（4つ切り）、薄口白画用紙（8つ切り）、
絵の具セット、刷毛（大）、刷毛（中）または太い筆、
コピー用紙A4（1人数枚）、油性ペン、やわらかいクレヨンまたはパス、
綿棒、のり、はさみ、のり付け紙、作品見本

> 作品の
> 動画配信を
> しています。
> ➡

2　本単元で学習するポイント

▶たらしこみの技法。

▶自分の好きな虫を大きく描くこと。

▶動きのある人物の描き方。

3　単元の流れ（全5校時）

1. たらしこみで背景となる空を描く。（45分）
2. 自分の好きな虫を描く。（45分×2）
3. 虫を切り取って貼る。（15分）
4. 人物の描き方の練習をする。（30分）
5. 自分や友達を描いて切り取って貼る。（45分×2）
6. 下の景色を描く。（45分）

4　たらしこみで背景となる空を描く

> どんな色の空を飛びたいですか。

　たらしこみの見本の空をいくつか見せて、自分が好きな色を決めさせる。

　たらしこみで使う色は2色か3色。パレットの広い部屋に水たっぷりでよく
混ぜて「○色のだぶだぶ」を作る。「これは青がかりさん、これは赤がかりさん」

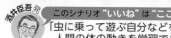
のように、それぞれに専用の刷毛（または太い筆）を割り当てると色が濁りに
くくなる。子どもたちを集めて、教師がたらしこみの技法をやって見せる。

【たらしこみの手順と成功のポイント】

① 画用紙の下に古新聞を敷いておく。画用紙は厚口。

② 大きな刷毛で水を塗る。画用紙の端まで水が行き渡
　るよう、画用紙からはみ出すように刷毛を使う。乾
　いてしまわないよう素早く塗る。力を入れてごしご
　し塗ったり、何回も同じところを塗ったりすると、
　色が濁るもとになるので注意。

③ 1つ目の色をサッサッと塗る。風の流れを表すよう
　に色を置いていく。白いところに2つ目の色を塗る。3つ目の色も同じように、
　白いところに置くようにする。1回塗ったところはさわらない。少しぐらい
　白い部分が残っていても大丈夫。隣同士の色が自然に混じるのはよい。

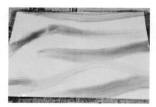  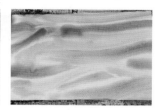

④ そのまま乾燥させる。できればそのまましばらく置いておき、先にパレット
　や刷毛などを片付けさせる。画用紙を移動させる時は、新聞紙ごと水平に持
　ち、絵の具が流れてしまわないようにする。

5 自分の好きな虫を描く

> どの虫に乗ってみたいかな。お隣さんと話してごらん。

　虫とりをしたり、虫でたくさん遊んだりしている子どもたちだ。愛用のわく
わくずかん『こんちゅうはかせ』を見ながら、話が盛り上がる。バッタ、カブ
トムシ、アゲハチョウ、テントウムシなど、どれにするか決めさせる。うす口
の画用紙いっぱいに、油性ペンとクレヨンで自分の好きな虫を描いていく。
　「その虫に乗って空を飛ぶんだからね。大きくどかーんと描きましょう」

　鉛筆で下書きはしない。小さくなってしまうからだ。失敗しても切り取るのでやり直しがきく。1匹に1人ずつ乗りたいからと複数描いている子もいた。油性ペンで描いてからクレヨンで色を塗る。

> **虫をどこに、どの向きで貼ればよいか考えましょう。**

　虫ができたら、切り取って、空のどのあたりに飛ばせるか位置を決める。
　「ど真ん中にまっすぐ置いたら動いてる感じがしないね」「ちょっと右に寄せて斜めにしたらどうかな」実際にいろいろな角度で置いてみて、一番気に入った位置を見つける。虫に人が乗ること、下の方に見えて

いる景色を描くことも考えさせる。位置が決まったら、のりを付ける前に鉛筆でしるしを付けておく。必ずのり付け紙の上で、端までのりを付け背景の画用紙に貼る。

6　人の描き方を練習する

　基本の3つのポーズを順番に描きながら、簡単な人の描き方を知る。コピー用紙を4つに折った大きさに1人、油性ペンでゆっくりと描いていく。
①正面向きで立っている人
②逆さ顔で踊っている人
③逆立ちをしている人
　「頭→胴体→手足つなぐ」と言うと簡単

に覚えられる。「頭」で顔や髪の毛、帽子なども描く。「手足つなぐ」は手の先を描いて肩からつなぐ、足の先を描いて胴体の下からつなぐ。最後に服を着せて完成。練習で描いた人物も、色を塗って、切り取って貼ることができる。

7　自分や友達を描く

> **あなたは虫に乗っています。どんなポーズですか。**

　自分が虫に乗っているところを想像して、ポーズを考える。練習の時と同じように、コピー用紙に油性ペンで描いていく。クレヨンで色を塗る。その時、細かいところは綿棒で軽くこするようにするときれいに色がのびる。強くこすると、クレヨンの色が取れてしまうので注意。顔などの線がつぶれてしまったら上から描きなおすとはっきりしてよい。

　子どもたちから、横向きにまたがっているポーズと、ぶら下がっているポーズの描き方を教えてほしいと要望があった。子どもたちにはできるだけ多くの作品見本を示したい。

　できあがったら、ていねいに切り取って、貼る位置を考え、のりを付けて貼る。

> **一緒に友達が乗っています。友達は何をしていますか。**

　友達も、自分の時と同じような手順で描いていく。切り取ったら、貼る前にいろいろな位置に置いて動かしてみることで、様々な場面が想像できて、より深い学びにつながる。

8　下に見える風景を描く

> **下の方にはどんな景色が見えますか。**

　「町が見える」「東京タワー」「ビルがある」「遊園地が見える」「富士山が見える」「自動車も見えるよ」「神社がある」「学校が見える」「お店が見える」など。

　子どもたちから次々に出された意見を板書しておき、その中から自分が好きな景色を描くように話す。もちろん黒板に書いてないものも描いてよい。

　下の景色を描いていくうちに、虫に乗って空を飛んでいる気分が高まり、最後まで想像を膨らませて楽しく描くことができる。

（田中裕美）

プールであそんだよ

▶▶ したこと、感じたことから描きたいことを考えることができる。

1 準備物

白画用紙4つ切り、やわらかいクレヨンまたはパス、綿棒、黒の油性ペン、絵の具セット、刷毛、受け皿、見本作品

作品の
動画配信を
しています。
→

2 本単元で学習するポイント

- ▶プールの中での動きを決めて、描くことができる。
- ▶クレヨンで丁寧に彩色できる。
- ▶刷毛を使って大胆に波を表現することができる。

3 単元の流れ（全5校時）

1. プールの波を描く。（45分）
2. プールの中の自分はどんなことをしているか考え、話し合いながら自分を描く。（45分）
3. プールの中で友達はどんなことをしているかを考えて描く。（45分）
4. 水しぶきやぶくぶく、空を描き、仕上げの波を塗る。（45分）
5. 作品鑑賞会をする。（45分）

4 プールの波を描く

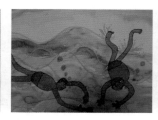

① 見本作品を見せる。

> プールで遊んだ絵を描きます。どこから描いたらいいですか？

「人から描いたらいい」「波から描く」など子どもたちの声。プールの水から描くことを教える。完成した絵を見せて全体をイメージさせる。

②プールの波を描く。

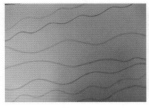 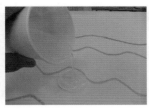 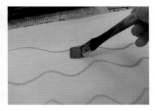

　㋐ クレヨンで6〜7本の波の線を描く。黄・青・黄緑・白・水色を使う。
　㋑ 紙コップから水を画用紙の真ん中に垂らす。
　㋒ 水を刷毛で全体に伸ばす。全体が濡れている程度にする。

　㋓ 黄色と青の絵の具を受け皿に溶いておく。教卓で2〜3人ずつ塗るので
　　 2〜3セット用意しておく。
　㋔ 黄色から塗る。
　㋕ でき上がり。白い部分があってもよい。

5　プールの中の自分を描き、彩色する

> みんなはプールの中でどんなことをして楽しかったですか？
> お隣の人に教えてあげましょう。

「水のかけ合いをして、キャーキャー言って楽しかったです」
「石拾いをして、たくさん拾ったのでうれしかったです」
「逆立ちができるようになってうれしかったです」　など。

では、そのプールで楽しんでいる自分を描きます。

描く順番を確認する。

 ⑦ 顔→鼻→目→口→まゆ毛→耳→帽子の順に描く。

 ⑦ 体を描く。向きに気を付ける。顔と体がまっすぐにならないようにする。

 ⑦ 手を描く。グーやパー、チョキなど指にも注目する。

 ⑦ 手と体をつなぐ。ひじを曲げて動きを出す。

 ⑦ 足を描く。指までしっかり描く。

 ⑦ 足と体をつなぐ。ひざを曲げて動きを出す。

 ⑦ 水着を描き、クレヨンで彩色する。肌の色は、黄土色を使う。

  細かな部分は綿棒でのばして塗っていく。

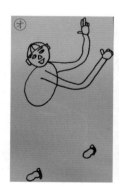

6 プールの中で友達はどんなことをしているか考えて描き、彩色する

> 今日は、周りにいた友達を描きます。近くには誰がいましたか？

「Aさんがいて、いっしょに水を掛け合いました」
「Bさんは、もぐっていました」

「その友達はどこにいましたか？　手で押さえましょう」と友達を描く場所を確認してから描き始める。描く順番は自分の時と同じなので、板書しておき確認しながら描く。

7 水しぶきやぶくぶく、空を描き、仕上げの波を刷毛で塗る

「これででき上がりですか？　何か足りないものはありませんか？」と尋ね、拾おうとしている石や水しぶきなどを描く。最後に波を上から刷毛で塗って仕上がりである。

8 作品鑑賞会をする

> 友達の絵を見て、いいなと思うところ、好きなところを発表しましょう。

　5〜6枚ずつ子どもの作品を黒板に掲示し、1枚ずついいなと思うところを発表させていく。「必死にもぐっているように見えます」「自分が大きくて迫力があります」など、たくさんいい所の発見ができた。作品鑑賞会をすることで絵の見方の視点が広がっていき、ほめられることで満足感でいっぱいになる。

（松浦由香里）

にんじん　ごぼう　だいこん

▶▶ ちぎった紙をから、絵にしたいことを考えることができる。

1　準備物

折り紙（オレンジ、茶、白）、スティックのり、
はさみ、油性ペン、A4コピー用紙、
色画用紙（オレンジ、茶、白、緑以外）

作品の
動画配信を
しています。
➡

2　本単元で学習するポイント

▶ちぎる時の指の動かし方。

▶対象の動きのつけ方。

▶配置を考えて、対象を置くこと。

3　単元の流れ（全3校時）

1．ちぎり方の練習をする。

2．3つの野菜を作る。

3．配置を考えて、野菜を置く。

4　あらすじを知り、ちぎり方について考える

① あらすじを知り、ちぎり方の練習をする。

② 「にんじん、ごぼう、だいこん」のお話を読む。（あらすじ）

> 仲良し3人組のごぼう、にんじん、だいこんがお風呂にやってきました。最初に入ったのはごぼうさん。お風呂が熱かったので、すぐ飛び出してしまいました。次はにんじんさん。熱いお風呂に我慢して入っていたので、体が真っ赤になりました。最後はだいこんさん。お風呂に水を入れていい湯加減にして、きれいに洗うことができました。だから、すぐ飛び出したごぼうさんは泥だらけの茶色。のぼせたにんじんさんは赤。だいこんさんは、白なんだそうです。
>
> （中国地方に伝わる民話）

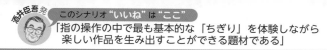

今回はごぼうさんやにんじんさんが「熱い！」と飛び出した場面を作ります。

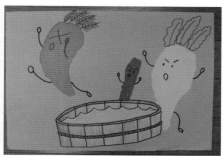

ごぼう、にんじん、だいこんはちぎっています。どうちぎればいいかな。

子どもたちに紙を渡し、実際にちぎらせる。難しさを体験させる。

先生がちぎってみるよ。指がどのように動いているかな。

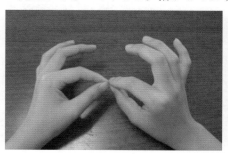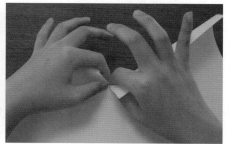

「右の指だけが動いている」「だんだん下に下がっている」「ゆっくりちぎっている」など、発表してくれたことをほめる。

ちぎり名人になるよ！　まず、エアちぎりをしてみましょう。

右利きの子は右指を、左利きの子は左指を動かすことを確認する。

では、紙をちぎってみましょう。かたつむりが動くように、ゆっくりゆっくり。お隣さんがじょうずにできていた人、手を挙げましょう。

隣同士で、指の動きを確認させる。

> 右に行きたい時は、どちらの指に力を入れますか。

　右に行きたい時は、人差し指（左利きの人は親指）、左に行きたい時は親指（左利きの人は人差し指）に力を入れることを確認する。

5　ごぼう、だいこん、にんじんをちぎる

> どちらのにんじんが生き生きしているかな。

　「右のほうが動いている」「体がまっすぐではないから」「体が曲がっていると、動いているように見える」など、出された意見をほめる。
　折り紙を配った後、前時で練習したちぎり方を確認する。折り紙でごぼう、にんじん、だいこんをちぎらせる。小さくなってしまう子は、裏にうすくある程度の形を描かせてもよい。

6　配置を考えて、野菜を置く
　土台となる色画用紙を選ばせる。お風呂を印刷した紙を配り、切り取らせる。

> お風呂、ごぼう、にんじん、だいこんをどこに置くか、考えましょう。

　飛び出しているのは、ごぼうか、にんじんか、決めさせる。配置が決まったらのり付けさせる。

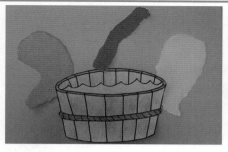 

野菜に顔や手足を付けます。動いている野菜にするにはどうしたらいいかな。

 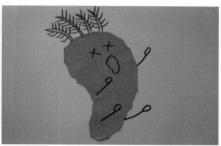

「手足が下にまっすぐにそろっていない」などの発言をほめる。いろいろな
パターンを見せ、まねしてもよいことを告げる。にんじんの葉は細く、だいこ
んの葉は太く描かせるとよい。

7 作品鑑賞会をする

　土台となる色画用紙を選ばせる。お風呂を印刷した紙を配り、切り取らせる。

（黒板に 10 枚以上作品を貼って）この中でいいと思う作品はどれですか。
理由も言いましょう。

　子どもたちが発表した内容は全てほめる。あまり意見が出てこない作品が
あった時は、「この絵はまだ誰も言ってないけど、先生はいいところ 5 つ見つ
けたよ」と挑発すると、必ず手が挙がる。この時、発表した子に最大級の賛辞
をすることが大切である。　　　　　　　　　　　　　　　　　　（安野信人）

ちょきちょきかざって、しおりづくり

▶▶紙を切ってできる形を生かし、どのような作品に表すか考えることができる。

1 準備物

折り紙（7.5cm × 15cm 程度の大きさ）、鉛筆、
ラミネートシート（A4）、はさみ、のり

作品の
動画配信を
しています。
→

2 本単元で学習するポイント

▶折った紙を切り取ることで、様々な模様を作る。

▶どの色を重ねるか選択し、色の変化を見る。

▶はさみやのりの基本的な使い方ができるようにする。

3 単元の流れ（全3校時）

1. 紙を折り、切ることによって模様を作る。
2. 折り方や切り方を工夫していくと、模様も変わることから何度も違う模様作りに挑戦する。
3. 色を重ねた時に似合う色・きれいな色を選び、ラミネートしてしおりを作る。
4. みんなで作品の鑑賞会をする。

4 折り紙を折って切る

この作品を見てください。どんなことに気付いたかな？
お隣の人と言い合ってみましょう。

同じ模様ができていることを見つける。

同じ模様ができていますね。（折り紙を提示しながら）
どのようにして作ったと思いますか？　教科書から見つけてごらん。

紙を２つに折り、さらに２つに折る。という方法も見つける。

では、折って、切り取ってみましょう。２つ折り（四角や三角）、４つ折り、
８つ折りなどいろいろ試してごらん。

８つ折りにして切っても、４つ折りにして切ってもよい。いろいろ試す。

▲開いて置く

▲２つ折り（縦）

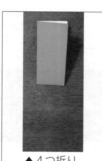
▲４つ折り

▲８つ折り

▲外側から切る

▲切り取る

▲開いて

▲でき上がり

広げたらどんな模様になっているかな？
お隣の人と見せ合って何に見えるか言い合ってみよう。

つながる模様は子どもに人気がある。

▲じゃばらに折る。

▲模様を描く。手をつないでいるように描く。

▲周りを切り取る。つないだ手が離れないようにする。

人間の友達

ウサギたち

ハートがいっぱい

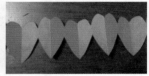

つながる部分を切り取ってしまうと、バラバラになってしまう。

ここでは、エラー・ラーニングとならないように、動画を参考に子どもたちと制作する。

5 色の重なりを考える

できた模様の下に、色紙を重ねて、ブックマークを作ります。
どの色を重ねるときれいですか？　いろいろ自分で試してみましょう。
お隣の人の意見も聞いてみましょう。

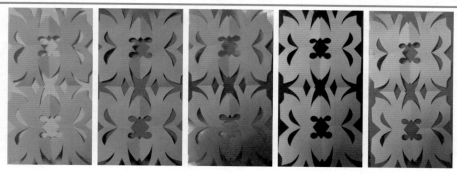

気に入る色の組み合わせができるまで、色紙を置き換えて考える。

6 ラミネートをし、作品を見せ合う

気に入った作品を2つ選んでください。ラミネートをします。
自分で使ってもいいですが、プレゼントにあげてもいいですね。
あなたは、誰にプレゼントしたいですか？

　ラミネートは簡単にできるので、子どもたちでも使用可能だ。「あの人にプ
レゼントしよう」とお相手を思い浮かべなが
ら、仕上げていく。

　机の上に置いたり、黒板に貼ったりしてお
友達の作品を鑑賞する。いいなあと思うこと
を発表する。

（勇　和代）

かみをおってあなをあけて
なにができるかな

▶▶折ったり切ったりしながら発想を広げ、独創的な作品を作ることができる。

1 準備物

コピー用紙（4つ切り画用紙の4分の1くらい）数枚、

はさみ、セロハンテープ、台紙1枚（色画用紙淡い色

「4つ切りの4分の1」と、濃い色「さらに一回り小さく切ったもの」を貼り合

わせる。事前にサンプルを見せて子どもたちに希望をとり、教師が用意する）

作品の
動画配信を
しています。

2 本単元で学習するポイント

▶紙を切って、切り取った形から発想を広げて作る。

▶友達と交流することで、良さを自分の作品に生かす。

▶はさみの使い方の技能を向上させる。

3 単元の流れ（全2校時）

1. 作品例の感想を話し合い、基本の切り方を試して交流する。（45分）

2. 1枚の紙を折って切り、発想を広げながら顔を作る。（35分）

3. 鑑賞してその良さに気付く。（10分）

4 指導の流れと子どもたちの活動

まず教師が子どもの前で大道芸人のように大げさに作って見せる。

【はさみの使い方のポイント】

① はさみは根元で切る。

② 「チョッキンチョッキン」ではなく「チョッチョッ」と小刻みに切る。

③ はさみを動かさないで紙を動かして切る。

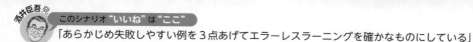
作品例を見せる。

> この作品の良いところ、すてきなところを見つけてみましょう。

「もようがすてき」「かおのまわりがすごい」ほめる観点が分かってくる。

【紙を1回折って切る切り方を体験する】

教師が紙を1回折って切って広げると
いろいろな模様になることを演示する。

子どもたちに紙を配って試行錯誤させ
る。大切なのは交流することだ。

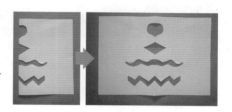

> お隣同士見せ合って、相手の切り方の良いところを言ってあげましょう。

さらに「先生！　この切り方すごい！」という作品を全員に紹介する。どん
どん工夫した切り方が波及していく。さらに数枚切らせて交流させる。

【紙を2回折って切る切り方を体験する】

> これはどうやって切ったのでしょう。
> お隣さんと相談しながら、切り方を見つけてごらんなさい。

できた子たちの切り方を取り上げ、
切りたい部分で2回目を切るやり方
をいろいろ試させる。

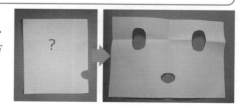

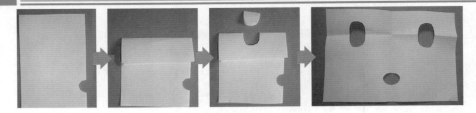

【顔の輪郭を切る。3つの失敗の原因を話し合わせる】

　最初に顔の輪郭を切る。丸投げすると必ず次の失敗が出る。

〈 失敗例1 〉
バラバラになってしまう

〈 失敗例2 〉
小さくなってしまう

〈 失敗例3 〉
細くなってしまう

　この対策を子どもたちとの対話を通して考えさせる。

> これから、顔を切ります。ところが3つの失敗をしやすいのです。

失敗例1をやって見せて問う。

> バラバラになってしまったよ。どうしたらいいでしょう。

隣同士相談させる。発表させて板書する。
「折ったところから切ればいい」「折ったところに印を付ければいい」
失敗例2をやって見せて問う。

> 小さくなってしまったよ。どうしたらいいでしょう。

「上と下から切ればいい」「上と下に印を付けたらいい」
失敗例3をやって見せて問う。

細くなってしまったよ。どうしたらいいでしょう。

　ここまできたら教師が輪郭を切ってみせる。４種類の切り方を紹介する。

　その後、子どもたちに実際に切らせる。

ギザギザの切り方
トゲトゲの切り方
もどる切り方
なみなみの切り方

【口、目、その他の飾りを切る】

　「目」と「口」は必ず作ることにする。口から切らせる。紙を１回折って切るやり方でできるので簡単だからである。次に目を切らせる。自信のない子は教師の前で切らせる。どうしてもうまく切れない子がいたら一緒に切ってやるとだんだんわかってくる。

　いくつか切った中で一番お気に入りを、あらかじめ用意しておいた台紙に、テープを両面テープ状に丸めたもので固定する。この時少し浮かせて立体的に貼るとよい。

【簡単な鑑賞会をする】

　数人ずつ教室前に作品を持たせて立たせる。

この作品のすてきなところを言ってごらんなさい。

　簡単でいいのでテンポよく発表させる。子どもたちはみんなにこにこ笑顔になる。

（大沼靖治）

ぱくぱくにんぎょうで　じこしょうかい

▶▶ 仕組みを生かして、楽しく作ることができる。

1 準備物

底のある紙袋1枚、色画用紙（赤、ピンク、オレンジ、
黒、茶、黄、肌色、青、緑など）、はさみ、のり、
自己紹介カード、顔・口・腕の型（厚紙で教師が作る）

作品の
動画配信を
しています。
→

2 本単元で学習するポイント

▶はさみ、のりなど用具の基本的な使い方を学ぶ。
▶自分なりに工夫して材料（紙袋）から人形を作る。
▶自分で作ったものを他の活動（自己紹介）に生かす。

3 単元の流れ（全2校時）

1. 人形の顔に口をつくって、紙袋に貼りつける。
2. 紙袋に腕と自己紹介カードを貼って完成させる。
3. ぱくぱく人形で友達と自己紹介をする。

4 作品完成のゴールを見せる

> こんにちは。私の名前は市島直子です。好きな食べ
> 物はラーメンです。こんな大きな口でペロリと食べ
> ます（人形の口を開ける）。みなさん、1年間、楽し
> く遊びましょう。今日は、この自己紹介指
> 人形を作ります。人形は自分の分身です。

5 人形の材料や仕組みを知る

人形を複数用意して、班に1つずつ渡し、次のように言う。

> この人形は、何から作られているでしょうか。グループで相談してごらん。

子どもたちは、人形を観察しながら顔や口、腕が貼ってあるところを自分で確認することができる。子どもから、紙袋でできていることや、紙袋の底に顔が貼ってあることが出てきたらほめて取り上げる。出てこなかったら、教師が教える。

紙袋には写真のように顔、口、腕を貼る場所を書きこんでおく。このように事前に書きこんで見せておくことで、どの子も間違えずに作ることができる。

腕を貼る場所

6 人形を作る

【顔の作り方の手順とポイント】

① 顔を作る

画用紙に型紙を置いてなぞり、切る。
耳も忘れずに付ける。

※型紙は、紙袋の底の大きさを見て、適
当な大きさにする(口の型紙も同様)。

② 頭を作る

▲顔を黒の画用紙の上に置いて、頭を描く。

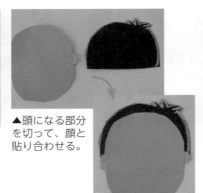

▲頭になる部分を切って、顔と貼り合わせる。

▲マジックで前髪を描く。

③ マジックで顔を描く

④ 口を作る

▲色紙に型紙を置いてなぞり、切る。

⑤ 口を貼り付ける

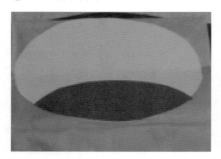

⑥ 顔を貼り付ける

▲紙袋側にのりを付ける。上から顔を貼り付ける。

⑦ 腕を作って貼る

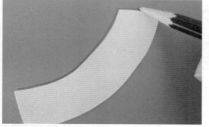

▲腕の型紙を画用紙に置いてなぞって切る。

⑧自己紹介カードを書いて貼る

自己紹介カード。
これで、完成！

7　お互いに自己紹介をし合う

> 自分が作ったぱくぱく人形をつけて友達と自己紹介をし合いましょう。

　自己紹介の時間を短く区切り繰り返す。終わるたびに次の子どもをほめていく。
「男の子とも女の子ともできた人」
「違う保育園、幼稚園から来た人とできた人」
「にっこり笑顔でできた人」など。

　このように教師がほめていくことで、たくさんの人と自己紹介ができて、明るい雰囲気で活動が進んでいく。

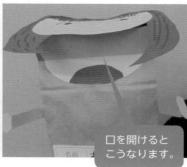

口を開けると
こうなります。

【原実践】

佐藤昌彦（酒井臣吾序）「お話人形」『佐藤式"楽しい工作"メニュー 10 選』1998年、明治図書出版

（市島直子）

夕焼け空のとんぼたち

▶▶ 描く、塗る、切る、貼るなど様々な技法を使うことができる。

1 準備物

画用紙、やわらかいクレヨンまたはパス、蛍光ポスターカラー（蛍光オレンジ・蛍光レモン・蛍光バーミリオン）、はさみ、のり、ペン、黒のコピー用紙、コピー用紙

作品の動画配信をしています。
→

2 本単元で学習するポイント

▶はさみやのりの使い方。

▶形や色、紙の貼り方を工夫すること。

3 単元の流れ（全4校時）

1. とんぼのお話を聞き、とんぼのおいかけっこの場面を想像する。空の色を塗る。（45分）
2. いろいろな向きのとんぼの描き方を工夫して描く。（45分）
3. はさみの使い方に気を付けてとんぼを切る。（15分）
4. 山の部分を貼る。（15分）
5. とんぼが追いかけっこしているように工夫して貼る。（15分）
6. 家並みを描く・仕上げをする。（45分）

4 お話・空を塗る（45分）

　秋のある日のことでした。その日の空は夕やけで赤く染まり、ところどころ黄色いところもあるそれはそれは美しい夕やけでした。

　ぼくは赤とんぼ。スーイスイはやく飛ぶことができるのが僕の自慢なのさ。スーイスイ。スーイスイ。アー気持ちいいな。あっ向こうから誰か来るぞ！友達のけんちゃんだ。

「おうい、けんちゃん。一緒に遊ぼう」

> みんながとんぼなら、友達のとんぼとどんな遊びをしたいですか？

C：ぼくはおにごっこがいいな。
C：かけっこみたいな、空を速く飛ぶ競争をしたいよ。

> そんな楽しく遊んでいるとんぼたちの絵を描きます。今日は空を塗ります。

　共同絵の具（みんなで使う絵の具）を用
意する。蛍光レモン・蛍光オレンジ・蛍光
バーミリオンの3色。刷毛を使って塗る。

5 とんぼを描く（45分）

> コピー用紙にとんぼを描きます。とんぼの顔で一番大きいのは何でしょう？

C：目！
T：そうだね。目から描きます。
　顔が描けた後、右のようなとんぼを描く。

> 何か気付いたことはありませんか。お隣さんと話し合ってみましょう。

C：こんなの変だよー！
C：あのね、こんなのがあるの。（図鑑を出してくる）
C：こんなのがあって、しっぽがついているよ。
C：とんぼの羽って4まいだよ。
　大いにほめ、頭→胸→腹→羽の順で描く。

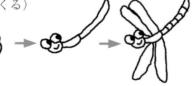

> 次は友達のとんぼを描きます。違う向きで飛ぶにはどう描けばいいかな。

顔の次に胸を描く時に向きを変えればよいことに気付かせる。

コピー用紙に友達のとんぼを描く。いろいろな向きに工夫して描けているのをほめる。描けたらクレヨンで彩色。綿棒を使ってこする。

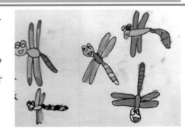

5 とんぼを切る（15分）

はさみの使い方は教科書に掲載されている。ここはきっぱりと教える。

> チョッキンチョッキンは床屋さん、チョチョチョとはさみの奥で切る。
> 手ではなく、紙を回しながら切る。
> 大まかに切ってから細かいところを切る。

「紙を回しながら切っているね」「はさみの持ち方いいよ」と机間巡視しほめる。

6 地面の部分を切って貼る（15分）

> 黒コピー用紙で地面を作ります。
> どこに山を描けばいいかな。

C：ぼくはここにしよう。
C：低い山とちょっと高い山にしよう。

7 とんぼを貼る（15分）

> おにごっこをしているように貼るには、どのように貼ればいいですか。

C：これがぼく。これはけんちゃん。斜めに貼って、
　もうすこしでタッチされるところにしよう。
C：下向きに貼ろう。追いかけているところだよ。
　この向きがいいかな、こちらがいいかなととんぼ
をいろいろな向きに置いてみてから、のりで貼る。

8　家並みを描く・仕上げ（45分）

> 家を描きます。三角と四角で描けます。
> 家の他にどんなものを描きたいですか？　お隣さんに話してみましょう。

C：私はビルが描きたい。
C：木もいいな。人も描きたいよ。
　下のほうに小さく描く。顔などは描かずに影の
みとする。家や木も黒ペンで塗りつぶす。
　木や電信柱を描く子、小さいとんぼを描く子、
様々だ。子どもたちのアイデアを大いにほめる。

9　自分の作品に題名を付ける・鑑賞会（45分）

> すてきな作品ができましたね。自分の作品に題名を付けましょう。
> どんな題名がいいか考えましょう。

C：『おいかけっこたのしいな』
　がいいな。
C：『あしたもあそぼうね』にし
　ようかな。
　その後、鑑賞会を行う。
　友達の作品とその題名を見て、
良いところや感想を言いあう。

（寺田真紀子）

まほうつかいのおどるねこ

▶▶ 材料や用具を生かし、楽しみながら表現することができる。

1 準備物

作品の
動画配信を
しています。→

白ボール紙（8つ切り程度の大きさ）、
やわらかいクレヨンまたはパス、アクリル絵の具（黒）、
画鋲などのひっかくための尖った道具

2 本単元で学習するポイント

▶クレヨンスクラッチならではの美しい表現を楽しむ。

▶多様な、動きのある動物の描き方を学ぶ。

▶いろいろな形状の花の描き方を学ぶ。

3 単元の流れ（全3校時）

1. お話を聞き、どんな場面を描くのかイメージする。

2. 台紙をクレヨンで塗り、その上からアクリル絵の具を薄く塗る。（90分）

3. 踊っているポーズを考えながら、猫を描く。（45分）

4. 魔法の国にふさわしい、いろいろな花を考えて描く。（45分）

4 お話を聞き、どんな場面を描くのかイメージする

初めにお話を聞かせ、描く場面を想像させる。

魔法使いの町がありました。この町に住んでいる猫は昼間は寝てばかりなのですが、夜になるとまるで人間のように踊りだします。でもそれは、月夜の晩だけです。月の光に照らされて猫も周りの草花もキラキラと虹色に見え、夢のような景色なのです。

このような話の後に見本の絵を見せる。

クレヨンスクラッチという描き方で描いた絵です。
どうしてこんなにきれいな色なのでしょう？　教科書から見つけてみよう。

色を重ね塗りした後、ひっかいて描くことを見つける。

5　台紙を作る

では、紙にクレヨンで色を塗りましょう。
キラキラと輝く猫や花にするには何色を塗ったらいいかな？

黒に映える、黄色やピンクなどの明るい色を塗るようにアドバイスする。

【台紙の作り方】

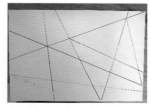

▲鉛筆で何本かの交差する線を引く。

▲それぞれのマスに好きな色を塗る。その際、隣同士が同じ色にならないように注意。

▲隙間なく塗ることができたら完成。

　最後に、黒いアクリル絵の具を上からサーッと塗る。

　この時、ベタッと濃く塗りすぎると失敗してしまう。水加減は事前に教師側の練習が必須である。

　塗り終わった後は1日以上乾かす。

6 猫を描く

> 踊っている猫を描きます。こんなポーズや、こんなポーズ、逆立ちをしていたっていいんですよ。どんなポーズがいいか決めましょう。

　何種類かのポーズを提示し、イメージさせる。思いうかばない子には見本の中から選ばせる。猫のポーズが決まったらお隣さんと話し、交流させる。

【猫の描き方】

▲丸に三角の耳を付ける。

▲目、鼻、口を描く。まつ毛やまゆ毛を描いてもよい。

▲ひげを描けば猫らしくなる。

▲丸に三角の耳を付ける。

▲目、鼻、口を描く。まつ毛やまゆ毛を描いてもよい。

▲ひげを描けば猫らしくなる。

　画鋲でひっかきながら描いていく。スクラッチしていて楽しいのは、毛並みを描く時だ。毛の長短や生えている向きなどの表現を取り上げてほめると、子どもたちはまた新たに作品と向かい合って工夫することができる。

7 花を描く

> 最後にお花や草を描きます。魔法の国ですからいろんな花がありますよ。
> 先生の絵も参考にしてよいです。自分の花を描いてみましょう。

教師が見本として黒板に何種類かの花を描く。子どもたちはそれを参考に花を下書き用の紙に描く。2つできたら教師に見せに来させ、黒板に自分の花を描かせる。

黒板が花でいっぱいになったところで、本番。スクラッチ用紙に実際に描かせる。その際、友達が描いた黒板の花もどんどんまねしてよいことも伝える。

8 自分の作品の感想を書く

自分の作品に対し、自己評価を行う。

評価項目は、「楽しくできたかどうか」「猫は工夫して描けたか」「いろいろな種類の花を描けたか」の3点。

実技は何度も描いていくうちに身についていくものだ。だからこそ、やる気や意欲が大切になる。そのやる気の源は「楽しさ」だろう。

育まれたやる気は次の学習・制作にもつながっていく。

(伊藤新吾)

とびばこをとぶ　ぼく　わたし

▶▶ 生活経験をもとに、とべた時のうれしさを描くことができる。

1 準備物

白画用紙（8つ切り）、黒マジック（太～細）、
鉛筆、やわらかいクレヨンまたはパス、綿棒

作品の
動画配信を
しています。
➡

2 本単元で学習するポイント

▶体のつなぎ方を考えて描く。

（手―頭―胴体―つなぐ、足―つなぐ）

▶人間の肌の色を、黄土色を主にして描く。

（他に朱・黄・茶・肌色等）

▶綿棒を使っての彩色法を通して、表現の幅を広げる。

▶背景の処理の仕方を覚える。

3 単元の流れ（全3校時）

1. 第1時・下絵を描く。

① 鉛筆で跳び箱の手をつく部分を描き、マジックで跳び箱を描く。

② マジックで手、頭、胴体を描き、手と胴体をつなぐ。

③ 足を描き、胴体とつなぐ。

④ 服を着せる。

2. 第2時・人物、跳び箱を彩色する。

① 跳んでいるぼく（わたし）を彩色する。

② 跳び箱を彩色する。

3. 第3時・近くにいる人物を描き、鑑賞会をする。

① 応援している友達を描く。早い子は2人描く。

② 鑑賞会をする。

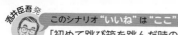
4 跳び箱を跳んだ時の気持ちを思い出し、跳んだぼく（わたし）と跳び箱を描く

> 体育の時に跳び箱をしました。跳んだ時どんな気持ちでしたか？

　「跳ぶ前はドキドキしたなあ」「跳んだ時は気持ち良かったなあ」「何かすうっとしたなあ」など色々出てくるだろう。

　見本の絵を提示する。

> 今日は、跳び箱を跳ぶ時の絵を描きます。

　酒井式に慣れていない学級だったら、顔とか頭とか跳び箱とか、色々な意見が出てくるだろう。

> この絵、どこから描くと思いますか？　お隣さんと相談します。

　まずは、画面の真ん中下に跳び箱の手をつく所から、鉛筆で描いていく。きっと、子どもたちは驚くことだろう。

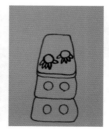

顔を描いたら、次は胴体を描き、手とつなぐ。そして、足を描いて胴とつなぐ。

楽しい顔、ドキドキした顔にするには、次のことに気を付ける。

楽しい顔にする時は、口元を上げる。ドキドキ感を出したい時は、目を大きくして口を開けるとよい。

5 人物、跳び箱を彩色する

> 人の体は何色で塗りますか？　お隣さんと相談してごらんなさい。

相談が終わったら、全体で確認する。「肌色」という意見が多く出るだろう。そこで、ここではきっぱり、「黄土色」でまず彩色することを教える。より、人の肌の色に近いからである。そして、黄土色に、朱色、茶色、肌色、黄色を混ぜていく。

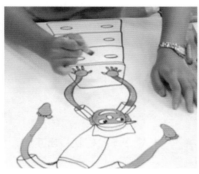

服が終わったら、次は跳び箱を彩色する。「跳び箱の色って何色だった？」と聞いてもいいだろう。見本にあるように、「茶色」「黄土色」「こげ茶色」が多いだろう。

6 応援している友達等を入れ、鑑賞会をする

> 今日は、応援している友達や喜んでいる友達を描きます。
> 人間は、どこから描くんでしたっけ？　お隣さんと相談してごらん。

　子どもたちからは、頭とか顔とか出てくるだろう。頭の次はどこ？　その次は？　ということも再度確認するといいだろう。早く1人目を描いた子は2人目も描かせる。

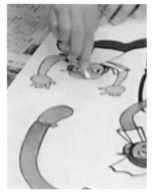  

　ちょっと後になってしまったが、左の写真のように、綿棒でクルクルとクレヨンのついていない所に色をのばしてやるといい。

　最後の仕上げは背景であるが、見本で示してあるように、クレヨンを折って丸を描くように薄く彩色する。水色、桃色、黄緑色などの明るく柔らかい色がいい。

　さて、鑑賞法である。ポイントは、良いところだけ発表させることである。

　まず、全員の作品を1か所に集め、子どもたちを絵の周りに集める。黒板に作品を貼ってもいいだろう。

　普通は10枚ぐらい教師側で選んで話させるが、2年生なので5～6枚ぐらいでいいだろう。

> 　友達の絵を見て、いいなと思うところ、好きだなと思うところを発表しましょう。

　「笑っている顔がいいです」「友達も笑っています」「跳んでいるところがカッコいいです」「足が高くなっています」「ドキドキした感じも出ています」などが出てくることだろう。

（片倉信儀）

じょうずにふけたよ

▶▶吹いている様子を思い出し、口の形や指の形を考えて絵を描くことができる。

1 準備物

白画用紙（４つ切り）黒マジック（太〜細）、
鉛筆、絵の具セット（やわらかいクレヨンまたはパス）、
のり、鍵盤ハーモニカを印刷した上質紙、見本作品

作品の
動画配信を
しています。

2 本単元で学習するポイント

▶吹き口を吹いている口、鍵盤ハーモニカを持つ手や弾いている手の形を考えて描く。

▶一発彩色法で顔や手を採色する。

▶着てみたい服のデザインを考えて描く。

3 単元の流れ（全５校時）

1．自分の顔を描く。

2．鍵盤ハーモニカを印刷した紙を、角度や向きを考えて張り、口から吹き口を伸ばして、鍵盤とつなぐ。

3．体、鍵盤を弾いている手の形を描き、彩色する。

4．自分のお気に入りの服を描く。

5．鑑賞会をする。

4 自分の顔を描く

発表会の曲の練習をがんばっていますね。鍵盤ハーモニカがどんどん上手に弾けるようになってきています。どんな気持ちかな。

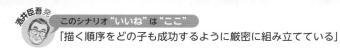
　弾けるようになってうれしい気持ちや、友達と合奏できて楽しい気持ちを想起する。

> 今日は、鍵盤ハーモニカを練習している自分を描きます。
> 一緒に練習している友達を描いてもいいです。

　見本の絵を提示する。

> まず、自分から描きます。どこから描いたらいいでしょうか。

　いつもの口と違ってパイプをくわえているところを見つけられたらほめる。パイプをくわえていますね。くわえている口を触って形を確かめながら、描くようにさせる。

 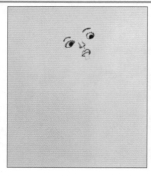 

【顔を描く順番とポイント】

① 上唇を描く。

② くわえているパイプを鉛筆でうすく描く。

③ 下唇を鉛筆の線を踏まないで描く。

④ 鼻→目→輪郭→髪の順に描く。

> **顔の次はどこを描きますか。お隣さんと言い合いっこしましょう。**

　いつも通り体を描くのかな?　鍵盤ハーモニカは体の前にあるので、近くにあるものから描くのかな。自分なりに理由が言えたら認める。

　鍵盤ハーモニカを児童が描くのは難しいので、鍵盤ハーモニカを印刷した上質紙から切り取って貼る。

> **手を描きます。右手と左手はどう描いたらいいでしょうか。**

　鍵盤ハーモニカを支えている左手と弾いている右手の形は違うな。友達が弾いているところをよく見たいな。代わりばんこで見てみよう。手の形の違いが見つけられたら、よく分かりましたねとほめる。

【鍵盤ハーモニカを描く順番とポイント】

①鍵盤ハーモニカを印刷した上質紙を鍵盤の形に切って画用紙に位置を考えて貼る。

②吹き口から鍵盤ハーモニカまで鉛筆でパイプを描く。

【手を描く順番とポイント】

① 鍵盤ハーモニカを持っている手や弾いている手の形を鉛筆で意識して描く。

② 鍵盤ハーモニカと手をマジックでなぞる。体を描き、肩から腕をのばして手首とつなぐ。

③ 自分の着てみたい服を描き、彩色する。

④ 背景を太い筆で着色する。

5 作品鑑賞会を行う

> 友達の絵を見て、いいなあと思うところを発表しましょう。

「ちゃんと鍵盤のほうを見てるよ」「鍵盤を弾いている手が本物みたい」
「つめも付いてるよ」
「○○ちゃんの洋服の模様がいいなあ」など。

　お互いにいいところを認め合うことで、作品を見る視点が広がり、次の作品を描くことの意欲につながる。

（前田晶子）

うつしてみたら
〜かたがみをつかって〜

▶▶ 対話を通して、楽しく紙版画を作ることができる。

1 準備物

黒画用紙（8つ切り）、コピー用紙（A4）、油性ペン、
歯ブラシ、スポンジ、蛍光絵の具（青・赤・黄・緑・白）、
はさみ、絵の具セット、爪楊枝

作品の
動画配信を
しています。
➡

2 本単元で学習するポイント

▶型紙を使って、お城や夜空を描く。

▶絵の具のスパッタリングの技法を用いた表現法を活用する。

▶爪楊枝を使ったスタンプで、色や形の組み合わせを見つける。

3 単元の流れ（全5校時）

1. 作品の完成イメージを持ち、お城を描いて切り取る。
2. お城の光を描く。
3. お城のイルミネーションを描く。
4. 夜空を描く。
5. 鑑賞会をする。

4 作品の制作過程と子どもたちへの声かけ

作品を黒板に貼っていく。

> まず、何を描いたと思いますか。近くの人と相談しなさい。

　描く順番を予想させるだけで、子どもたちの絵に対する見方は変わる。周り
と相談させた後、発表させる。発表させてから、どのように描いたのかを教え
る。この部分だけでなく、本単元でお城の光、イルミネーション、スパッタリ
ングなど、新しい技術を教える時には、以下のような発問をした。

---

① まず、何を描いたと思いますか。

② 次に、何をすると思いますか。

③ どのような順番で描いたと思いますか。

④ 何を使ったと思いますか。

⑤ どのように描いたと思いますか。

⑥ なぜ、そのようにしたと思いますか。

⑦ ここで、一番気を付けないといけないことは何ですか。

⑧ ここで、絶対にやってはいけないことは何ですか。

⑨ どうなると思いますか。

　発問し、発表させたり、対話させたりすることが、子どもたちの主体性をさ
らに引き出す仕掛けになる。子どもたちは謎解きを楽しむように、絵を描き進
めることを楽しむことになる。

【お城の描き方】

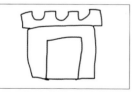

① コピー用紙を縦か横に置く。

② お城の出入り口を描く。

③ 出入り口の付いている壁を描く。

④ 壁の上の屋根を描く。

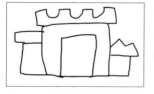

⑤ 隣に壁を描く。窓を描いてもいい。

⑥ 壁の上の屋根を描く。

⑦ さらに、隣に隣にと1階部分を増やしていく。

⑧ 1階部分ができたら、2階を同様に描く。

⑨ 2階部分ができたら、3階を同様に描く。

⑩ 気に入ったところで、旗を立てる。

⑪ 輪郭に沿って、ハサミで切り取る。

【お城の描き方】

① 黒画用紙を、縦か横に置く。

② お城を黒画用紙に置く。空中に浮いた城にならないように。

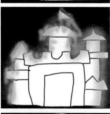

③ 好きな色の絵の具に白色を混ぜる。水は混ぜない。
（今回は蛍光絵の具を用意した。）

④ スポンジに、③の絵の具をつけ、城の縁をポンポンスタンプする。（お城を動かさない。）

⑤ お城を取り外すと、型抜きができる。

【お城のイルミネーション】

① 好きな色の絵の具を、パレットに出す。

② 出した絵の具に必ず、白色を混ぜる。
水は混ぜない。

③ 爪楊枝に絵の具をつけ、お城の型紙を見ながらイルミネーションをスタンプする。（型紙のとおりでなくてもよい）

【夜空のスパッタリング】

① コピー用紙で、波線の型紙を作る。

② お城の型紙を、黒画用紙に置く。

③ 蛍光絵の具から、好きな色を選ぶ。

④ 選んだ色を歯ブラシに付ける。

⑤ 波線の型紙を置き、親指で歯ブラシを弾き、絵の具の飛沫を飛ばす。この時に、夜空に星型や丸型などの型紙をおいておくと、その部分が黒く残る。

⑥ 波線の型紙をずらし、③〜⑤を繰り返す。

⑦ 星を描き入れたり、スパッタリングを足したりして完成。

5 鑑賞会をする

　まず黒板に、10枚以内の児童の絵を貼り、全員に一番好きな絵を尋ねる。全員決まったら、一つ一つの人数分布を挙手でとり、絵の近くに人数を板書する。

　人数の多かった絵から、一人一人口頭で、いいところを発表させる。一番最初に発表した子を、大きく、きっぱりとほめる。それをきっかけに、子どもたちは主体的に発表する。全員の発言を明るく、開放的にほめる。発表内容を黒板の右隅に短く書きとめ、発表が苦手な子どもの手助けにさせることで全員が発表しやすくなる。

　次に絵をすべて入れ替えて、いいところを付箋に書かせる。子どもたちのいいところが書かれた付箋は絵の近くに貼らせた。すべての絵にコメントが貼られたら、残りと入れ替える。これを、クラス全員分行う。

　付箋は教室の隅に置き、子どもたちが自由に取って書けるようにする。子どもたちの発言内容に偏りがあった場合は、教師から違う視点でいいところを付箋に書くよう促す。

　最後に、コメントの貼られている枚数が少ない絵のみを貼り、子どもたちに付箋を促すと、すごい勢いでコメントが集まる。みんなが、笑顔になる。

（原口雄一）

くしゃ　くしゃ　ぎゅ

▶▶ 対話を通して、楽しく紙版画を作ることができる。

1 準備物

クラフト紙（90 × 120）、シュレッダー紙、新聞紙、
麻ひも、輪ゴム、モール、リボン、テープ、毛糸、
色画用紙、折り紙、のり、はさみ、両面テープ、絵の具、
やわらかいクレヨンまたはパス、色マジック

作品の
動画配信を
しています。

2 本単元で学習するポイント

▶くしゃくしゃにしたクラフト紙の感触を味わう。

▶紙をねじったりしばったりすることで生まれる形を何かに見立てて作る。

▶膨らませ方を考え、紙の中に入れる具合を工夫する。

3 単元の流れ（全4校時）

1. 紙を丸めたり、ねじったり、また広げたりして自由に遊ぶ。くしゃくしゃ
   にした紙で袋を作り、新聞紙などを入れて袋をとじる。(45分)

2. 自分がイメージしたものに合わせて、しばったり、ねじったり、飾り付
   けたりする。(45分× 2)

3. 作品を紹介し合い、お気に入りのところや工夫したところを意見交流する。

4 クラフト紙を紹介し、くしゃくしゃにして感触を確かめ、袋にする

> こんな紙、見たことあるかな。

封筒など身近なところで使われていることを知る。

> この紙をくしゃくしゃにまるめてみよう。どんな感じかな。
> 感じたことを隣の人に言ってごらん。

　新聞紙やふだん字を書く紙にくらべて硬いことが分かる。くしゃくしゃにする時、力が必要。大きなかたまりになるので抱きしめる感触になる。破れにくいことも実感させる。

▲クラフト紙（90×120）

▲くしゃくしゃにして
　丸める。

▲のばして、袋を作る。(縦型、横型)

袋の作り方

（矢印の方向に折り、丸めた新聞紙は袋の中に入れる）

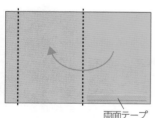
両面テープ

▲はしを少しずらして、
２つに折り、下に両面
テープを貼って、とめる。

▲ずらした部分に、
テープを貼って、
とめる。

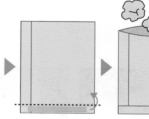
▲下にテープを貼って、とめ、袋になった中に新聞紙などを入れる。

5　紙は、縦長にしたり、横長にしたりできることを教える

　クラフト紙（90 × 120）の90cmの方を横にすると、縦長になるため、細長いものを作ることができる。（上図の縦型と横型を参照）

6　袋の中にくしゃくしゃにした新聞紙をつめこむ

> 新聞紙をくしゃくしゃにしてまるめて、袋の中につめこんでみましょう。

新聞紙をくしゃくしゃにして、袋につめこんでみる。

思っていたよりも多くの新聞紙が入ることに気付く。

はしの方にシュレッダー紙を入れてもかまわない。

7 ひもで好きなところをむすぶ

クラフト紙（90 × 120）の90cmのほうを横にすると、縦長になるため、細長いものを作ることができる。（前ページの図の縦型と横型参照）

> つめたらひもでしばってみましょう。何に見えるかな。

難しい場合は友達と協力しながらしばるよう助言する。縦に長い生き物を作ったり、はしの部分を折り曲げることで、丸みをだすことができることを教える。

▲1か所、くくったもの。

▲左はしの耳のような部分をとがらせ、後ろを広げたもの。

▲はしの部分を内側に折り曲げたもの。

▲縦型のふくろに新聞をつめて、ひもでしばったもの。

8 いろいろな形に見立ててみよう

> 新聞紙を入れてひもでしばると、どんなものに見えてくるかな。

袋の形を横にしたり、縦にしたり、いろいろな方向に向けることで、いろいろな形に見えてくる。隣の人に話したり、クラスの友達の意見を聞くことで見方が変わってくる。

9 色をつけたり、飾ったりして完成しよう

まず、目や口を付けてみることで、だんだんイメージを広げていくことができる。

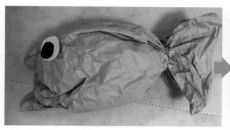 

 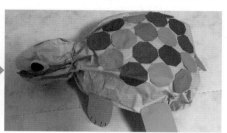

10 でき上がった作品を並べて鑑賞会を行う

友達の作品を見て、良いところや思ったことを発表しましょう。

「細長い生き物は、初めはウサギかな、リスかな、と思いました」「大きなポケットに赤ちゃんがいるのでカンガルーだと分かりました」「立っているのがおもしろいですね」「魚は、うろこを色マジックで塗っているのがいいですね」「カメのこうらは、いろいろな色の色紙を使っていてきれいですね」など、どんどん発表させていく。友達の良さを発表できたことや自分の良さを認めてもらうことで自信がつく。

(柴田裕美子)

かぶってへんしん

▶▶ 対話を通して、楽しく紙版画を作ることができる。

1 準備物

お花紙、洗濯のり、スチレン容器、プラスチック容器、
トレイ、新聞紙、はさみ、コピー用紙、色鉛筆、
見本作品

作品の
動画配信を
しています。
→

2 本単元で学習するポイント

▶作りたいお面を考えること。
▶形や色、紙の貼り方を工夫すること。

3 単元の流れ（全3校時）

1. どんなお面を作りたいか考え、話し合いながら紙に作りたいお面の絵を描く。（45分）
2. お面の型にお花紙をうまく貼り付ける方法を試したり、話し合いながらお面を作る。（45分×2）

4 お面のデザインを考える（45分）

> お面って知ってる？　かぶったことのある人？

　「お祭りで見た」「テーマパークでかぶった」など自分たちの経験について発表し、お面について興味を持たせる。

> 今日は世界に1つしかないお面を作ります。どんなお面を作りたいかな？

　「動物のお面」「お化けのお面」「お花の妖精のお面」など出てきた意見は全て「いいねえ」「素敵」などと受け入れ、お面を作りたいという意欲を高める。

> 作りたいお面の絵を描くよ。こんな工夫をしたいなというところをお隣さんにお話ししてごらん。

　お面のイメージがわかない子も隣の子と話すことでイメージをもつことができる。「ひげを付ける」「帽子をかぶせる」「顔の色を2色にする」など面白いアイデアが出てきたら、教師が全体に紹介し、広げる。

> 今、頭の中に浮かんでいるお面の絵を描きますよ。
> 色鉛筆で色を塗りますが、1つ注意することがあります。何だと思う。

　コピー用紙に鉛筆で作りたいお面のデザインを描く。色鉛筆で色を塗る際、「お花紙にある色」で塗ることを伝える。

5 お面を作る（90分）

① お面の型を作る。

　容器を活用したり、教材セットの型を使ってもよい。

② トレイで洗濯のりを水でうすめる。

　洗濯のりと水をしっかりとかき混ぜる。この作業は子どもには難しいので、教師が行ってもよい。

③ お花紙を水でうすめた洗濯のりにつけて型に貼る。

> いよいよ型にお花紙を貼ります。貼る時に気を付けることは何だろう。

子どもたちの発表を受けて、次のことを確認する。

　1. 洗濯のりをしっかりとしみこませること

　2. 目と口の穴を忘れずに作ること

④ 飾りを付ける。

> 最初に描いたお面の絵のように飾りを付けていきましょう。

　子どもたちは最初のデザイン画を参考に飾りを付けていく。教師は机間巡視をしながら子どもたちの作品を見て「この飾りがかわいいね」「リボンを付けているの、工夫しているね」「色の組み合わせのセンスがいいなあ」とほめて回る。

> みんなとっても素敵なお面ができています。先生が見るだけではもったいないので、途中ですが、お友達のお面を見て回りましょう。

お互いの作品を見て回る。

> お友達のお面を見て、上手だな、工夫しているな、真似してみたいなと思ったところを見つけた人はいるかな。

友達の作品の良いところを次々と発表させる。見つけたことをほめる。

> お友達の作品を参考にしたり、作り方を教えてもらってもいいですね。
> 続きを作って仕上げましょう。

6 お面をかぶって見せ合う

> お面をかぶって見せ合い、お友達のお面の感想を言い合ってごらん。

子どもたちはお互いにお面をつけた姿を見ながら感想を述べ合う。

（井上和子）

ざりがにとあそんだよ

▶▶ ざりがにと遊んでいる場面をイメージして描くことができる。

1 準備物

白画用紙（４つ切り）絵の具、ローラー（小）、
やわらかいクレヨンまたはパス、綿棒、油性ペン、
のり、見本作品、ざりがに（または画像）、コピー用紙

作品の
動画配信を
しています。➡

2 本単元で学習するポイント

▶ざりがにと遊んでいる場面をイメージして絵に描く。

▶クレヨンを使って、線をゆっくりとていねいに描く。

▶はさみと体、頭と尻尾をつないで描く。

3 単元の流れ（全５校時）

1. 生活科で観察したざりがにを、クレヨンを使って「かたつむりの線」で描く。
（45分）

2. ざりがにを絵の具で塗る。（45分）

3. ざりがにの周りを描く。（45分）

4. コピー用紙に自分を描いて、切り抜く。ざりがにが描いてある画用紙に
貼って、仕上げる。（45分×２）

4 生活科でざりがにを観察する

生活科の時間に、ざりがにを観察する。ない場合は画像や動画も活用できる
が、実物が望ましい。生き物がいるだけで子どもたちは盛り上がる。触ったり、
持ったりさせる。

> ざりがにをよく見てごらん。後で気付いたことを聞きます。

観察させる時のポイントは、

①たっぷりと時間の確保をする。
②子どもたちが工夫して遊んでいる方法やつぶやきを、全体に広める。

ことである。「はさみが大きいな」「足がたくさんある」「えびとにてる」「かにみたいにからが固いのかな」「よく動いてるな」「びっくりしているみたい」など、気付きをシェアするようにする。発表後に、もう一度観察の時間をとると、さらに学びは深まる。この経験が絵に生かされる。

4　ざりがにを描く

　ざりがにの中で、ひきつけられるポイントは「はさみ」である。そこで、はさみから描き始める。クレヨンは、灰色、黄色、朱色から選ばせる。

　生活科での観察から、はさみについて「先がとがっている感じ」「とげとげしてる」といった感想を持つ子も多いだろう。どの発表も認める。その上で、描く時に、

　ぎざぎざ、とげとげ、ごつごつ

といったイメージ語を言いながら、「かたつむりの線」で描く。教師がまずやってみせる。大きく目立つようにはさみを描く。子どもたちの描いたはさみを「ぎざぎざしてる」「上手！」とほめていく。はさみのごつごつした模様も描かせる。

【はさみの後の描く順番とポイント】

　パーツを描く前には、画用紙のどのあたりに描くのか、指で押さえて確認する。また、パーツ同士をつなぐイメージを持つために、人を描いた経験を思い出させるとよい。

①頭	三角形に近い形にする。位置は、2つのはさみの真ん中にならないようにする。
②はさみと体のつなぎ	はさみとざりがにの体をつなぐ。つなぐ前に、胸部を描いておく。はさみまでの歩脚は3つの殻でつなぐようにする。描く前にゆびでつなぎ方をたどらせる。ポイントは、左右対称にならないようにすることである。
③尾扇	4枚か5枚の尾扇を描く。
④尾扇までのつなぎ	体は曲がって描く方がざりがにの躍動感が出る。これも描く前にどの方向につなげるのか指でたどる。
⑤残りの脚と目	残りの脚（左右4本ずつ）とごつごつした表面の模様を描く。目は黒色のパスを使う。

5 ざりがにを絵の具で塗る

　ざりがにの体は赤色と思われるが、個体によっては茶色が強いもの、えさによっては青っぽいものもある。場合によっては、脱皮してオレンジ色になるものもある。

> 右と左のはさみ、どんな色があるかな。色の塗り方のちがいは何かな。

　「色がまざっている」「左は、はさみのもようがきえてる」「左は赤色だ」「右は赤と黄色がある」子どもたちに発問して発表させる。

　基本は、赤、赤と茶色、赤と黄色の3色を用意して塗るようにする。その時に、「顔だけ」「はさみだけ」といったように部分ごとに色を塗る。彩色の際、水を多めに

 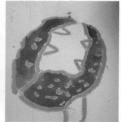

する。濃さをマヨネーズとシャバシャバジュースとの間くらいにするよう伝える。少しずつ筆で色をたしていくイメージで塗るとよい。前でやってみせる。

6 ざりがにの周りを描く

ローラーの小を使ってまわりに色を塗る。ざりがにの色が映えるように、寒色系の色（紫、水色、緑、青）を使う。これも水を多めにする。

7 自分を描いて、仕上げる

> みんなが小人さんになったとするよ。
> ざりがにといっしょにどんなことをして遊んでみたいかな。

　例として見本作品（えさをあげている、上に乗っている、釣っている）を提示する。提示した後、「近くの人と話をしてごらん」と時間をとる。えさのするめをあげたい、ざりがにの背中に乗ってみたい、釣ってみたい、にらめっこしてみたい、じゃんけんしてみたいなど、イメージを持たせる。

　イメージが決まったら、自分を油性ペンでコピー用紙に描く。描き方はレッスンシートを参考にする。色はクレヨンまたはパスで塗る。しかし人が小さい分だけ、細かいところを塗るのが難しい面がある。そこで、大きい部分にクレヨンで塗り、細部は綿棒で色を広げるとよい。

　でき上がったら、自分ががんばったところや何をしているところか、作品カードに描いて掲示する。鑑賞会で友達の作品のいいところを発表し合うようにする。

（藤野弘子）

かがやく　はっぱで　あそんだよ！

▶▶カリキュラムマネジメントを行い、子どもたちの学びを多軸で支える。

1　準備物

白画用紙（8つ切り）、型紙の紙、やわらかいクレヨン

作品の
動画配信を
しています。
→

またはパス、白上質紙、ティッシュペーパー、綿棒、

絵の具セット、歯ブラシ、テープ、新聞紙、はさみ、のり、見本作品

2　本単元で学習するポイント

▶クレヨンの「ぼかし表現」を使って描く。

▶絵の具のスパッタリングの技法を用いた表現法を活用する。

▶綿棒での彩色を通して、表現の幅を広げる。

3　単元の流れ（全4校時図工）＋（1校時国語）

1. 1年生の時に育てた植物の葉を想起しながら、遊んでみたい葉っぱを描き、クレヨンのぼかし表現を使って、彩色する。
2. 見本の絵から、きらきら輝く表現の仕方を考え、スパッタリングを行う。
3. 他に足りないものはないかを考え、葉脈や茎などを描く。
4. 葉っぱで遊んでいる自分や友達を描く。
5. 絵のストーリーを、書いたり話したりする。

4　葉っぱの形をいろいろ想起しながら描く

> 1年生の時に、アサガオやヒマワリを育てたね。この中のどれだったかな？

学習園で撮影した葉っぱの形を示しながら、さまざまな葉っぱの形があるこ
とを想起する。

> 葉っぱは、クレヨンを使って色を塗っているよ。
> どんなふうに塗っているのか、教科書から見つけてごらん。

　指やティッシュペーパーを使ってぼかしていることを見つける。

> 絵や写真の葉っぱの形を参考にしながら、葉っぱの形を描きます。

　内ぼかしがしやすい形の葉っぱを描くようにアドバイスする。

【葉っぱを描き、内ぼかしにする手順】

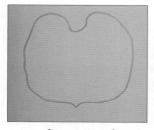

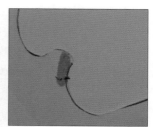

▲えんぴつで、葉っぱの形を　　▲はさみで切り取る。　　　　▲切り取った型に少しずつク
描く。（枠を多めに残すこと）　　　　　　　　　　　　　　　レヨンを塗りこむ。

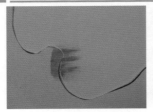
▲指やティッシュで内側に
ぼかす。

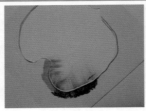
▲少しずつ色を変えていく。

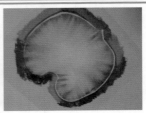
▲クレヨンは重ね塗りをして
も OK。

型を外して
1枚目が完成！

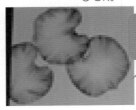

2枚目、3枚目
の葉っぱも同様
に描く。

5 葉脈や茎を思い浮かべて描く

> この葉っぱはばらばらになっているけど、これでいいかな？

茎や葉脈があることを思い出したり、写真で発見したりする。

> 葉っぱの筋や茎は、絵の具で描いています。筆を使っていません。
> 何を使っていると思いますか。近くの人と相談してごらん。

綿棒や割りばしを使って描いていることを見つける。
同様に、周りの空気感も、絵の具を飛ばしていることを見つける。

【葉脈、茎を綿棒の点々塗り】

▲綿棒や割りばしに
絵の具をつけて点々
塗りで葉脈を描く。

▲茎も同様に
描く。

【空気感をスパッタリングで表現】

▲古歯ブラシで霧吹き状に絵の具を飛ばす
（絵の具はジュース状に薄く溶く）。

6 人物を描く

> 葉っぱで、誰とどんな遊びをしているところを描くか、お隣さんとお話を
> しましょう。

　サインペンで直接に下描きをしてもよいし、別の紙に描いて後で貼り付ける
方法もある。

　彩色は、クレヨンで行ってもよいし、パスで行っ
てもよい。

　学級の実態に合わせて指導する。なお、肌の色は、
黄土色を基本にするとよい。

　人物だけでなく、小人や犬、猫などと遊んでいる
様子を描くのも楽しい。

> 【復習コーナー】人物の描き方（順番）
> ① 顔　② 体　③ 手、足　④ つなぎ　⑤ 服を着せる

7 絵のストーリーを書いたり話したりする

> 絵のお話作りをします。「いつ、どこで、誰が、誰と、何をして、どうだった」
> が分かるように書いていきます。

　時間調整に使ってもよい。早く絵が描けた子には、長めのお話を作らせるの
もよいし、絵に時間のかかる子には、箇条書きにさせる方法もある。作文の苦
手な子には「作文虎の巻まねっこコーナー」等を準備して、誰もが書ける状況
を設定しておく。

【評価】

①楽しく活動できましたか？　　　　　　　

②クレヨンのぼかし、スパッタリング、点々

　塗りは、工夫できましたか？

　指導と評価を一体化し、次回の指導に生かしていけるようにする。（神谷祐子）

ぴょんぴょん紙コップ

▶▶とび上がる動きから想像を広げて工作することができる。

1 準備物

紙コップ1人2つ（205mlのものがよい）、

輪ゴム1人2つ（大きさNo.14のものがよい）、

折り紙、はさみ、のり、印付け用見本用紙

作品の
動画配信を
しています。
→

2 本単元で学習するポイント

▶紙コップに切れ目をいれゴムをかけ、紙コップが上手に跳び上がるようにする。

▶跳び上がる紙コップの動きをもとに、発想を広げて飾りを作る。

3 単元の流れ（全4校時図工）＋（1校時国語）

1回の指導を45分とし、3回（45分×5）の授業で完成させる。

1.基本形を作る。遊ぶ。

2.飾りを作る。（2時間）

4 基本形を作る

「こんな工作をつくります」と、飾り付けをしていない紙コップのみの作品を取り出す。ゴムの付いているほうの紙コップを上にして重ねて手を離す。するとコップがぴょんと上に跳ぶ。子どもたちは「あっ！　跳んだ！」「面白い！」「作りたい！」と歓声をあげる。

活動の見通しを持たせるとともに、創作の意欲づけになるように、教師が楽しそうに演示するのが重要である。

5 ゴムをかける、切れ目をいれる

「紙コップは何の力で跳ぶのかな？」と問うと「ゴム！」と一斉に答える。

跳ぶほうのコップにゴムをつけることを説明する。

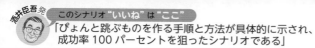
最初にゴムを紙コップにひっかける切れ目を
いれる。

低学年だと4等分に印を付けるのは難しいの
で、右写真のような紙を用意しておく。紙に合
わせて紙コップを置き、線のところに印を付け
る。そこから1cm程度上に、はさみで切れ目
をいれる。コップの継ぎ目のところは少し厚い
ので、印を付ける時には外した方がよい。

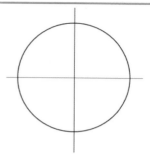

切れ目をいれたら、ゴムを準備する。ゴムを
2本、右下のように8の字につなぐ。それを4
か所切れ目にはさめば、基本形は完成である。
ゴムの結び目ができるだけ中央に来ると、バラ
ンスがとれる。

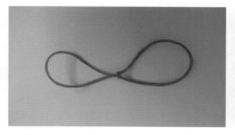

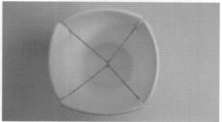

6 跳ばせて遊ぶ（発想する）

できたら、跳ばせて遊ばせる。遊ぶ前に、

> どんなものが跳んだら面白いかな？　遊びながら近くの人と話してみよう。

と、指示を出す。遊びながら、子どもたちに、様々なものを発想させる。

T：ポーンと、跳んだら面白いものはあるかな？
C：かえる！
C：飛行機！
C：バッタ！

遊んでいた時に話したことを発表させていく。思いつかなかった子も意見を聞きながら発想を広げていく。子どもたちの様々な発想を認めていく。

7 飾りを付ける

飾り付けするものが決まったら、ゴムを付けた方（跳ばす方）の紙コップに、折り紙で飾りを付けていく。

何を作るか決めている子はすぐに作業に取りかかることができる。しかし、どうしても飾りが思いつかない子もいる時がある。

そんな時には、鳥やお化け、飛行機など、参考作品を作っておき、

> **先生の作品を参考にしてもいいですよ。**

と話しておく。

そうすることで、図工が苦手な子も安心して制作することができる。

たとえ同じ鳥でも「羽の形がかわいいね」とか「くちばしの色がいいね」等違いを見つけることができる。また、飛行機に乗っている自分を描いていれば、「あっ！　自分が乗っているね！」と、参考作品から自分が発想したことをほめることができる。

だから、飾りが思いつかない子のためにも、たくさんの作品を先生が作ってみることが大切である。

8 発展させる

できたら、それぞれ遊ばせる。遊びになると、子どもたちはどんどん自分たちで遊びを工夫していく。どっちが転がらないで着地できるか。どっちが印のところに着地できるか。

ちょっとした一言で活動はさらに発展していく。

> もっと高く跳ばすには、どうしたらいいだろうね？

　遊びながら、子どもたちは試行錯誤する。輪ゴムを二重にしたり、輪ゴムをつけたコップをもう一つ重ねてコップ3つにしてみたり、それぞれ工夫をしていく。

　教師はそれを取りあげて、「すごい！　ゴムを二重にするとさらに跳ぶね！」とか、「○○君、コップもう一つ作ってみたの？　すごいなあ！」とほめる。子どもたちの工夫が、どんどん広がっていく。

〈 作品例 〉

（吉岡　繁）

黒い船に乗って

▶▶ 黒い船に乗った時のことを想像しながら描こう。

1 準備物

　白画用紙（４つ切り）、黒画用紙（８つ切り）、
　絵の具、やわらかいクレヨンまたはパス、のり、
　はさみ、プリンカップ（紙コップも可）、見本作品

作品の
動画配信を
しています。

2 本単元で学習するポイント

　▶絵の具のにじみたらしこみをする。
　▶黒画用紙で自分の船を作る。
　▶動きのある人を描く。
　▶船に乗ってやってみたいことを考え、表現する。
　▶魚や鳥などの描き方を工夫する。

3 単元の流れ（全４校時図工）＋（１校時国語）

　1. 海を描く。
　2. 黒い船を作り、模様を描く。
　3. 黒い船に乗っている人物を描く。（2時間）
　4. 周りを描く。（2時間）
　5. お互いの絵を見合う。（鑑賞）

4 海を描く

> 船に乗ったことがある人？　どんな船に乗りましたか。

　「白い船」「ボート」「釣り船」「親戚の家に行く時に乗った大きな船」いろいろな意見が出たことをほめ、今日は大きい黒い船に乗ったお話を描くことを告げる。

波を描くよ。どんな波かな。
波は何色に光るかな。

▲明るい色のクレヨンで波の線を描く。水平にならないように、空の部分をあけておく。

黄色、水色、オレンジ、ピンク、黄緑など。

この波はどうやって描いたでしょう。

「水でにじませている」「黄色、青色、水色、緑、黄緑色、赤色がある」

黄色、青、緑で描いています。赤はほんのちょっと。かくし味。

水をこぼしながら。

波が来ました。ザバーン！

▲波の上に水をこぼす。

▲こぼした水を広げる。

▲絵の具をたらしこむ。

5　空を描く

空は何色かな。

▲夕日の場合は、クレヨンで太陽を描く。

「空色」「夕焼けだから赤」「オレンジ」「ピンク」「夜だから黒！」

　いろいろな意見が出たことをほめながら今回は、黒い船が目立つように、太陽が出ている時間帯を描くことを話す。

太陽は何色かな。

「昼間は見えない」「夕日は赤く見える」

お隣の空と海を見て、素敵なところを言い合いましょう。

6 黒い船を作る

黒い船を作ります。どうやって作っているかな。

「紙を貼っている」
「模様は絵の具で
描いてあるね」

▲8つ切りの黒画用紙に船の形を
クレヨンで描く。

▲白を混ぜたドロドロの絵の具で模
様を描く。模様ができたら切り抜く。

この船の名前を考えよう。

「○○丸」「○○号」など自分の名前をつ
ける場合が多いことを話す。

どんなふうに海に浮かんでいるかな。

いろいろな向きに置いてみて、決まったらのりで貼る。工夫して斜めに貼っ
ている作品は「すごい！ 波の動きがよく伝わるね！」などとほめるようにする。

7 人物を描く

黒い船で何をしますか。

「釣り」「ひなたぼっこ」「船の近くで泳ぐ」「サーフィン」「甲板で食事」「音楽をきく」などたくさん意見が出ることをほめる。

人物を描く手順は事前にシートなど使って練習しておくとよい。

人物を描く順番
① 頭　② 胴　③ 手（手の平と指）
④ 足（足の裏と指）
⑤ つなぐ（腕は肩から、足は腰から）
⑥服

頭	胴	手足	つなぐ	服

8 周りを描く

船の周りにはどんなものがあるかな。

「魚」「たこやかに」「飛んでいる鳥」「遠くの島」など子どもの意見から周りを描くようにする。

▲いろんな魚たち。

▲遠くの島と水鳥。

▲浮き輪で泳ぐ。

9 お互いの絵を見合う（鑑賞）

この絵のいいところを発表しましょう。

7〜8人の作品を提示し、好きな作品についての感想をきく。

「つりをしている人が楽しそうです」「いろんな魚が描けています」「空の色がとてもきれいです」などいろいろな感想があることをほめる。

絵のいいところを見つける目が育ちどの子の絵もほめられることで、達成感も高まるのだ。

（冨築啓子）

空を飛ぶ自転車に乗って

▶▶ 材料や用具を生かし、楽しみながら表現することができる。

1 準備物

黒画用紙（4つ切り）、白色マジックインキ、水彩絵の具一式、やわらかいクレヨンまたはパス、サインペン（黒）、綿棒、はさみ、赤鉛筆、古歯ブラシ（アクリルカラー絵の具（青・緑・紫など）を使って、刷毛で大胆に黒画用紙に色を付けておくとさらに多様性が出る）

2 本単元で学習するポイント

▶想像を膨らませ、自分の思いを表すことを楽しむ。

▶自分の描きたい思いや構想を持つ。

▶自分や友達の作品を見合ったり、話し合ったりしながら、表し方のおもしろさや感じの違いが分かる。

3 単元の流れ（全5校時）

1. 作品の完成形のイメージを持ち、発想を膨らませる。
2. お話を考えたり、自転車と人物をどこに配置したりするか構想を練る。
3. 自転車→人物→背景を描く。
4. 鑑賞会をする。

4 作品の制作過程と子どもたちへの声かけ

作品を黒板に貼ったあと、『白い自転車に乗った夢』のお話をする。

ある晩、あなたはとってもすてきな夢を見ました。白い自転車に乗っていると
いつの間にかスーッと空に舞い上がり自由自在に思ったとおりにどこまでも飛
んでいくのでした。広い空、広い宇宙でどんなものを見ましたか？

　自由に発想を膨らませて周りとお話させた後、発表をさせる。教師は、すべ
て肯定的に捉え、「なるほど！」「すごいなあ」などと反応したり、驚いたりする。

【自転車・人物の描き方】
白色マジックインキ「かたつむりの線」で（ゆっくりとした線で）

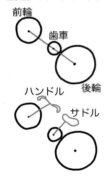

　「上っていく自転車にする？　それとも下っていく自転
車にする？」と子どもと対話しながら。
　後輪→上って行く時は上向きに赤鉛筆で線を描いてお
く（下って行く時は下向き）→歯車→前輪の順番で描く。
歯車から垂直に赤鉛筆で線を引き、サドルを描く。前輪か
ら赤鉛筆を引き（手前に傾けてもよい）ハンドルを描く。

　胴体を描く。歯車から引いたサドルの線と垂直にならな
いように傾ける。片方の足を描く。ペダルに乗せてもよい
し、乗せなくてもよい（もう片方の足は、まだ描かない）。

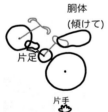

　片足をつなぐ（まっすぐにならないように。柔らかくつ
なぐ）。頭を描く（胴体に対して垂直にならないように傾
ける）。手を描く（ハンドルを持たせてもよいし、万歳の
ように手を上にあげてもよい）。
　子どもと楽しく対話しながら。
　手を柔らかくつなぐ。

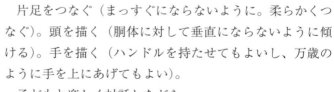

自転車と人物の
描き方を
動画にしています。

【顔・髪の毛の描き方】

> 自転車に乗ると、髪の毛や顔はどうなるかな。

髪がなびく、顔は横向きやななめ向き、笑顔になるなど。

まっすぐにならないように　　髪の毛も風でなびいているように

【服・自転車のパーツを細かく描く】

　服は、上から描いていく（彩色の時に下の線は消えるので、気にせずに）。自転車のタイヤやスポークやチェーンなど細かい部品をていねいに描く。

【自転車のつなぎ方】

① サドルと後輪をつなぐ。

② ハンドルの軸とサドルの軸をつなぐ。

③ 歯車と後輪をつなぐ。

④ ハンドルの軸と歯車をつなぐ。

【彩色の仕方】

　絵の具の濃さは、マヨネーズくらいのドロドロで（水を入れ過ぎない）。白をたっぷり混ぜる。

　肌は、黄土色（小麦色の肌にしたい時は、黄土色＋少し茶色）いったん全て塗りつぶし、乾いてから後で顔を描き入れる（黒サインペンを使う）。

ここで、もう片方の足（自転車の向こう側の足）を描く。

【背景の描き方】

> 背景にどんなものがあるかな。どんなふうに描けばいいかな。

　スカイツリーの上空・宇宙空間・お花畑の上・花火大会の夜空、猫も一緒に飛んでいるかもなど、楽しくお話をしながら描くとよい。

宇宙が描きたい！→スパッタリング

①新聞紙などを好きな形に切り取る。

②古歯ブラシを使って、絵の具をはじく。

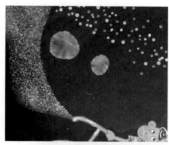

星を描きたい！→綿棒ポンポン

①絵の具の濃さはマヨネーズくらいのドロドロにする（必ず白を混ぜる）。

②綿棒に絵の具をつけ、ポンポンと置いていく。

光を描きたい→クレヨンこすり出し

①画用紙を好きな形に切り取る。

②切り取った画用紙のフチにクレヨンをしっかり塗りこむ（必ず白も上から塗りこむ）。

③黒い画用紙の上に置いて、外側へこすり出す（切り取った枠を使って内側へこすり出してもよい）。

5　鑑賞会

　友達の作品を見て、良いところ・工夫しているところ・すてきなところを次々と発表させる。意見の偏りがある場合は、教師は子どもたちから出てこなかった視点で良さを見つけほめることで、さらに広がりや深まりが出るのだ。

（石橋浩美）

ブレーメンの音楽隊

▶▶ 物語から想像を膨らませて、感じたこと、考えたことを表す。

1 準備物

色画用紙（4つ切り）、やわらかいクレヨンまたはパス、
絵の具、ティッシュペーパー、綿棒、見本作品

作品の
動画配信を
しています。

2 本単元で学習するポイント

▶身近でないロバは、レッスンシートで練習してから描く。

▶対話しながら「斜めに」を合言葉に、動物を崩れそうにのびのびと描く。

▶動物固有の色にとらわれず、好きな色を塗り、ティッシュペーパーでぼか
して描く。

3 単元の流れ（全5校時）

1回の指導を45分とし、5回（45分×5）の授業で完成させた。

1. ロバを描く。
（レッスンシートと線）
2. ロバを描く。（色を塗る）
3. 犬を描く。
4. 猫とニワトリを描く。
5. 家や周りを描く。

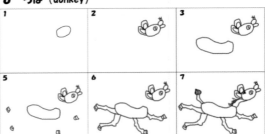

4 絵本を読み聞かせする

初めに、図書室の「ブレーメンの音楽隊」の絵本を使って読み聞かせをする。
最後のどろぼうを驚かせる場面を描くことを告げ、どんな風景か想像させる。

登場人物は何ですか。

ロバ、犬、猫、ニワトリ、どろぼうたちなど。

> どんな様子かな。

　暗闇。動物たちが互いの体に乗っかってお化けのふりをしている。お化けに
なりきっている。どろぼうは油断している。または、急いで逃げ出している。

5　ロバを描く（レッスンシート）

> 何から描けばいいかな。

　子どもたちから、一番下のロバが出てき
たら、ロバの特徴をきく。

> ロバってどんな特徴があるかな。

　馬に似ている。耳が長い。などの意見が出たところで、ロバの写真を見せ、
ロバの描き方を練習する（右向き左向き両方練習するとよい）。

> ロバを書きます。右向きのロバにするかな。左向きのロバにするかな。
> 白のクレヨンを持って、用意、スタート。

　ゆっくりていねいに線を引いている子どもをほめる。

6　ロバを描く（色を塗る）

> お話の動物だからきれいな色で塗ります。黄色、オレンジ、ピンク、黄緑、
> 水色などの明るい色から好きに選んでごらん。

　グリグリと擬音語でイメージさせながら丸く塗っていく。塗った丸をティッ
シュペーパーでこすって伸ばしていく。

どうしたら、きれいなもようになるかな。

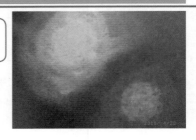

明るい色を使うこと、ティッシュペーパーで色を取りすぎないことなどに気付かせる。

7 犬→猫→ニワトリと描く

次に何を描きますか。

犬→猫→ニワトリの順で上に乗っている。

動物たちは、
どうしてロバの上に乗ったのかな

「泥棒をおどかすため」「大きく見せるため」

足はどんな感じ？　顔の表情は？

「つま先立ち。ジャンプしそう。前足は浮いてるかもしれない」
「口を開けて大声を出しているよ」
「笑ってるかも。おどそうとして、恐い顔をしているかもしれない」
「背中の上だから落ちそうになっているかもしれない」

【確認事項】

① お行儀よく並ばないよう、斜めに構図をとらせる。

② 枠線ははっきり見えるよう、「かたつむりの線」でゆっくりと描く。

8 家や周りを描く

> どろぼうは何をしているかな。

「家の中で騒いでいる」「逃げ出している」「家の窓から影が見えている」

　窓をオレンジで塗り、黒でシルエットを描く方法を教える。それ以外は、自分で想像して好きに描かせる。

9 鑑賞会を開く

　5〜6枚の作品を提示し、良いところ、好きなところを発表していく。

　同じ物語で描いても、動物の表情や、配置、背景などにそれぞれ個性が出て、全く違う作品になるのである。

〈作品例　1年生〉

（関澤陽子）

ぼく　わたしの　ハンカチ

▶▶ 自分の色や形を見つけて表すことができる。

1 準備物

白画用紙2枚（8つ切り画用紙を正方形に切ったもの。
1枚は練習用に使用する）、絵の具、
やわらかいクレヨンまたはパス、見本作品

作品の
動画配信を
しています。

2 本単元で学習するポイント

▶筆の使い方や水の量を考えて描く。

▶対話的な活動を通し、想像を膨らませて描く。

3 単元の流れ（全3校時）

1. 白画用紙（正方形）に、どのようなハンカチを描けるか対話を通して
   考える。線の描き方を練習する。（45分）
2. 白画用紙（正方形）に自分の描きたいものを考え、描く。（45分×2）

4 「ハンカチ」を描く

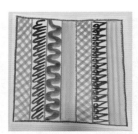

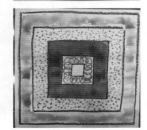

いろいろな模様のハンカチがあるね。どのハンカチがすてきですか。
お隣さんと言い合ってごらん。

友達と話し合わせ、線や形、色などに注目できるようにする。
「○○の線がすてき」「○色がかわいい色」など、見つけられたらほめる。

今日はハンカチを描きます。
自分のハンカチにするか誰かへのプレゼントにするか、考えましょう。

「自分のお気に入りのハンカチを作りたい」「○○さんへプレゼントするハンカチを作りたい」など、でき上がりを意識し描けるようにする。

絵の具で線を描きます。どんな線があるかな。

【確認事項】　① 使う色をパレットの教室に出します

　　　　　　　　（出したら絵の具のチューブセットはバッグに戻す）。

　　　　　　② 使う筆を決めます（線の太さを考え選択する）。

　　　　　　③ 筆に水をふくませます（水の量の確認）。

　　　　　　④ パレットの教室の色を運動場に出します。

　　　　　　　良い色をだすために筆で20回ほど混ぜます。

　　　　　　⑤ 「かたつむりの線」でゆっくりと描きます（集中して）。

　　　　　　　※①～⑤をお隣の友達と確認しながら行う。

画用紙に好きな線を練習してみましょう。

> ハンカチを描きます。どんな模様にするかな。

　枠を提示し、子どもたちに選ばせる（選ばれていない枠の魅力を話すなど、様々な模様に挑戦できるよう配慮する）。

> 枠の線をなぞります。何でなぞるかな。

　クレヨンは、絵の具をはじく性質がある。そのため、クレヨンでなぞることに気付かせる。

【確認事項】① クレヨンが汚れていないか確認（ティッシュペーパーで汚れをふき取る）。
　　　　　　② 「かたつむりの線」でゆっくり描きます（集中して）。

 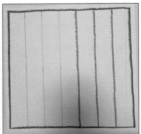

> 外側から模様を付けていくよ。好きな線をイメージして。用意、スタート。

　練習の時の確認事項を思い出す（確認事項を板書や掲示しておいてもよい）。「たらしこみ」「スパッタリング」等の技法を取り入れてもよい。
　水の量の調節、「かたつむりの線」などができていたらほめる。

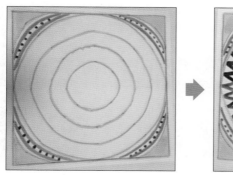 

5　作品鑑賞会を行う

> 自分の描いたハンカチのことをお隣さんに話してみましょう。

「誰のハンカチか？　描く時にどんなところを工夫したか？　このハンカチはこの後どうするか？」などの話をする。

> クラスのお友達が描いたハンカチを見てすてきなところ、良いところを
> 発表しましょう。

① お隣の友達と話したことを発表する。
「線がていねいに書けていました」
「○○さんへのプレゼントなので、○○さんの好きそうな色を使っていました」
「私が考えもつかない模様のハンカチですてきでした」
② 自分の机に作品を置き、自由に友達の作品を見回る時間を作る。

作品鑑賞は、先生や友達にほめられ自分の作品に自信を持つ。「次の作品を描くのも楽しみだ」「もっと上手になりたい！」と思い、また次の学習により積極的に取り組むことにつながっていく。

（筑紫みお）

あやとり

▶▶ 材料を効果的に使い、動きのある版画にして、鑑賞しあうことができる。

1 準備物

作品の
動画配信を
しています。

白画用紙（8つ切り　1人4枚　顔・体）、
色画用紙（B5　顔の部品用・髪の毛用）、奉書紙、
版画インク、バッド、ローラー、はさみ、のり、毛糸（児童が準備）、見本作品

2 本単元で学習するポイント

▶必要な材料を選んで、ゆっくりと手でちぎったり、はさみで切ったりする。
▶顔や体のパーツを動かして動きのある版を作る。
▶インクを練ったり、版に付けたり、刷りの技法に慣れる。

3 単元の流れ（全5校時）

1. 材料の選択をし、動きを工夫して版作りをする。（45分×3）
2. インクの練り方・付け方・刷り方に慣れ、奉書紙に刷る。（45分）
3. 友達の作品を見て、好きなところ・いいところを発表し合う。（45分）

4 版を作る

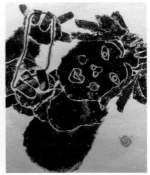

何をしている絵ですか？

　見本を見せ、あやとりの遊びの経験をもとに、版画にしたいポーズについて話し合い、版を作る。

【版作り1　顔】

①顔の土台作り（B5サイズの画用紙に鉛筆で顔の輪郭を描き、手でちぎる）

　顔の土台を手でちぎります。どちらのちぎり方がいいですか。

　二通りのちぎり方を示し、両手の親指と人差し指を近づけてゆっくりとちぎるとよいことを見つける。

②顔の部品作り（色画紙で作ると部品がはっきりする）

　顔の部品にはどんなものがありますか。それぞれの部品は、はさみで切るのと手でちぎるのと、どちらがいいですか。

　はさみで切り取る方がはっきりする部品、手でちぎると質感が出る部品を見つける。

③顔の土台に部品を並べ、好きな表情を決めて土台に貼る。

　部品を顔の土台にいろいろ並べてみて、お気に入りの顔を作ります。

もう少し、眉を細くしようかなあ。

右の黒目が大きすぎるかなあ。左目ぐらいがいいかなあ。

【版作り2　髪の毛】

　髪の毛を手でちぎって作るか、はさみで切って作るか決めて作り、顔の版に貼る。

　どこに、どのように貼るといいか、お隣さんと見合ってごらん。

【指導のポイント】

① 髪の毛を重ねて貼ると質感が出る。

② 髪の毛に長短をつけたり、流れをつける。

③ おでこが狭い時は、当て紙をする。

④ のり付けは、おでこにのりを付け、顔に
   かかる毛は後からのり付けする。

⑤ 見学タイムを作りミニ鑑賞会をすると「対話的・深い学び」が生まれる。

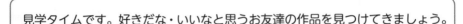

> 見学タイムです。好きだな・いいなと思うお友達の作品を見つけてきましょう。

【版作り3　体】胴体・腕・手

> 体は大きく3つに分かれますね。手ちぎり、はさみ、どちらがいいでしょうか。

【確認事項】　胴体・腕は柔らかさを出すためには手ちぎりがいい。
　　　　　　　手は糸をかけるのではさみで切るのがいい。

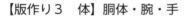

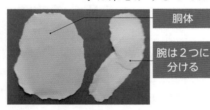

胴体

腕は2つに
分ける

指を付けて・指を切り離して

二通りの手

【版作り4　ポーズを決める】

　頭部・胴体・腕・手をいろいろ動かしてみる。
決まったら、重ねるところに印を付け、のり付け
をする。

【版作り5　毛糸を手にかけ、指を折る】

　頭部・胴体・腕・手をいろいろ動かしてみる。決まったら、
重ねるところに印を付け、のり付けをする。

> 毛糸のかけ方や指の折り方を工夫して
> のり付けしましょう。

5 版画インクで奉書紙に刷る

①机に新聞紙を敷いて、印刷用バットにインク
を適量入れて、「同一方向」に練る。

> インクを先生が練るからよく見てね。どのようにしているかな？

同一方向での練り方に気付き、「簡単・自分もできる」と意欲を持つ。

> 音をようく聞いてごらん。音が変わったのが分かりますか。

②ローラーで版にインクを薄く何回ものせていく。
教師が師範し、個別指導をする。
「中心から外側に向かって」ローラーを動かす。

③奉書紙に刷る。

別の新聞紙の上に版を移す→奉書紙を版の上に
置く→中心から外に向かってバレンをゆっくりと
「圧をかけながら」動かす。

6 作品鑑賞会

> 友達の絵を見て、好きなところ、良いところを発表しましょう。

5～6枚ずつの絵を囲み、各絵の好きなところ、良いところを発表する。

「髪の毛の動きがいいです。手のポーズが好きです。目が糸を見ていていい
です」「糸が曲がっているのがおもしろいです。糸が二重になっていてすごい
です」「指をうまく曲げています。○○さんの顔ににています」など。

気付きをほめ、発表の言葉をほめると、子どもたちの言語活動が深まる。

友達の発言を聞いている子は自分が気付かなかった鑑賞の視点を持つことが
できるようになり、次の絵を見る時の発表につながる。

(田村ちず子)

ふわふわすいすい

▶▶ 遊びながら、自分なりに工夫し、風で動くおもちゃを作ることができる。

1 準備物

取っ手付きのビニール袋1～2枚 （幅18cm程度で半透明や不透明のもの）、うちわ、折り紙1冊（黒が入っているか確認すること）、はさみ、セロハンテープ、スティックのり、見本作品

作品の
動画配信を
しています。
➡

2 本単元で学習するポイント

▶動きを試しながら、作りたい形や飾りを考える。

▶作りたいもの見えるように飾りを工夫する。

▶風で動くものを作り、遊んで楽しむ。

3 単元の流れ （全3校時）

1.遊びを通して、ビニール袋の形や飾りを決める。（45分）

2.決めたものに見えるように、飾りを貼り付ける。（45分）

3.作品を完成させて、風で動くもので遊ぶ。（45分）

4 ビニール袋の形を決める

こんな工作を作りますと言って、教師が見本作品で遊ぶ姿を見せる。

【作品例】

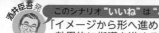
> ビニール袋の口をまきあげます。どんな形ができるのか色々やってみましょう。

　列指名してどんな形ができたか発表させる。どんな形でも、できたことを必ずほめる。最低、以下のような6種類くらいの形が出てくるとよい。もし出なければ、こんなのもできるよと紹介する。

▲高い形

▲低い形

▲左右の高さが違う形

▲四角い形

▲先がとがっている形

▲取っ手が出ている形

> ビニール袋を色々な形にして、うちわで袋をあおいでみましょう。
> 動き方から何に見えるか考えよう。

　列指名で何に見えたか発表させる。どんなものでも発表したことを必ずほめる。

> もう一度ビニール袋をうちわであおいで遊んでみましょう。
> どんなビニール袋の形にして、どんな飾りにするのかを決めましょう。

5 飾りを考えて貼り付ける

> 折り紙で飾りを作ります。まずは1つ部品を作ってみます。

飾りを作る時に注意することがあります。何でしょうか。
理由を近くの人と言い合ってみましょう。

　飾りを作りすぎないことである。飾りをたくさん作って貼り付けると、重くなって風で動かすことができなくなってしまうからである。

飾りを貼り付けすぎると、重くて風で動かせなくなってしまいます。
重量オーバーにならないように気を付けましょう。

【飾り作りのポイント】
①ビニール袋はたたんでおく。そうすると、部品を置きやすい。
②たたんだビニール袋の上に作った部品を置いていく。
③思い浮かばない子がいた場合は、参考作品など
　を見て、とりあえず目または口など顔を構成す
　る部品を作ってみる。そして、部品をビニール
　袋の上に置かせてみる。そこからイメージを膨
　らませていき、形を明確にしていく。
④作ろうとするもののイメージが思い浮かんだ時
　には、「イメージから形へ」という方向で制作し、

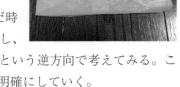

思い浮かばない時には「形からイメージへ」という逆方向で考えてみる。この繰り返しによって作ろうとするものの形を明確にしていく。

【飾り付けの部品作りの順番とポイント】
　どこから作ってもよいが、目→口→鼻→その他の部品と進むと大きさのバランスが取りやすい。

▲目　　　　　　　　　　▲口　　　　　　　　　　▲鼻

> 全体の部品ができたら、それぞれの部品をどこに貼り付けるのが一番良いか考えましょう。

　配置が決まったら、まんまるテープ（セロハンテープの接着面を外側にしてまるめたもの）で部品をビニール袋に貼り付けましょう。

【貼り付けるポイント】

①ビニール袋にセロハンテープを先に貼り付ける。そこに部品を貼ると、決めた場所からずれにくい。

②大きな部品からを先に貼ると全体のバランスが取りやすい。

▲全体の部品を配置した図

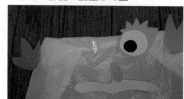

6 完成させて遊ぶ

【遊び方】

①裏返しにならないようにあおぐ強さや向きを調節しながら、うちわであおいで速さを競う。

②風がある時は校庭で追いかける。

【評価】

①楽しく活動できましたか？

②作る時にどんな工夫をしたのか書きましょう。

　指導と評価を一体化し、次回の指導に生かしていけるようにする。

【原実践】

佐藤昌彦「風の力で動き回る　ふわふわすいすい」『教育トークライン』2008年8月号、東京教育技術研究所、pp.52-54

（木村雄介）

ステンドグラス

▶▶ 遊びながら、自分なりに工夫し、風で動くおもちゃを作ることができる。

1 準備物

黒上質紙（10cm × 10cm 程度の大きさ）、
色油性ペン（太字）、ラミネートシート（A 4）、
トレーシングペーパー（A 4）、セロファン紙

作品の
動画配信を
しています。
➡

2 本単元で学習するポイント

▶紙を折り、切り取ることによって様々な模様を作ることができる。

▶模様に合った色を考えて、彩色することができる。

▶材料や用具を工夫して、自分なりの表現をすることができる。

3 単元の流れ（全3校時）

1．紙を折り、でき上がりを考えながら紙を切り、模様を作る。

2．できた模様を日光に透かしたり、セロファン紙を重ねたり、トレーシングペーパーを重ねたりして色の変化を見る。

3．できた模様をラミネートする。

4．窓に飾って鑑賞会をする。

4 「ステンドグラス」の模様を作る

模様が左右対称になっていることに気付かせ、作り方を想像させる。

> ステンドグラスふうの飾りです。
> （黒上質紙を提示しながら）どのようにして作ったのかな？

黒上質紙を紙で切って作る。折ってから切り取る。

> では、折って、切り取ってみましょう。
> ８つ折り、４つ折り、２つ折りなどいろいろ試してごらん。

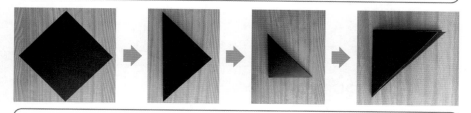

> 外側を切ってみよう。開けるとどんな形になったかな？

> もう一度、折り直して、いろいろな切れ目を入れてみよう。
> 切れ目を入れる時は何に気を付ければいいかな？

　全部切り取ると外枠と離れてしまうので、一部くっつけておく。

【模様作りの順番とポイント】

① 黒上質紙を２つ折り、４つ折り、８つ折りにする。

② 紙の外側（模様の輪郭）から切っていく。

③ 模様は一部くっつけて切る。

④ 小さい模様より大きめの模様を２〜３作る。

> 広げたら、どんな模様になっているかな？
> お隣の模様が何に見えるか言い合おう。

5 「ステンドグラス」を着色する

> （作品例を見て）どうやって色をつければいいかな？

色ペンで色を塗ることもできる。
セロファン紙やトレーシングペーパーをラミネートシートではさむと色がつく。

> どの方法で色をつけますか。選びましょう。

> 色のつけ方の秘密があります。きれいに色をつける方法を考えましょう。

【着色成功のポイント】

① 黒い外側からはみ出ないように色をつける。

② 色を塗る時には先にラミネートする。

③ セロファン紙やトレーシングペーパーを使う時には、はさんでからラミネートする。

④ セロファン紙やトレーシングペーパーが重なった時の色合いを確かめながら作る。

⑤ 細かいところは黒の油性ペンで模様を描き加える。

【色ペンで塗って着色する場合】

【セロファン紙で着色する場合】

ラミネートシートに型を置き、その上にセロファン紙を置く。

模様の中にセロファン紙が置けたらラミネートする。

【セロファン紙とトレーシングペーパーで着色する場合】

セロファン紙とトレーシングペーパーを混ぜて模様の上に置く。

ラミネートする。

【黒ペンで描き加える場合】

目の模様が欲しいな。

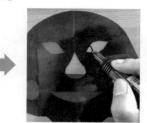
黒の油性ペンで書き加える。

6 窓に飾って鑑賞会を行う

> 窓に飾った作品を見て、 分かったこと、
> 気付いたこと、思ったことを発表しましょう。

　日光に透かして見ることで、ラミネートシート、セロファン紙、トレーシングペーパーなどの新しい素材の使い方を発見し、光を利用するという新たな芸術的観点を持つことができるのだ。

（谷岡聡美）

ゴムゴムパワー

▶▶ ゴムのしくみをもとに、オリジナルの作品を作る。

1　準備物

洗濯ばさみ（丸い穴の開いているもの4個、輪ゴム3本、鈴1個、糸、色画用紙数種類（約15cm × 20cm）15色ほど

作品の動画配信をしています。
→

2　本単元で学習するポイント

▶教師と対話をしながら制作する。
▶ゴムの動きに合わせた作品を作る。

3　単元の流れ（全3時間）

1．きつつきを作ってみよう！（45分）
2．対話をしながら、羽、飾り、目などを考えて作ろう！（45分）
3．ゴムの動きに合わせて、オリジナルの作品を作ろう！（45分）

4　新種のきつつき

【第1時「きつつきを作ってみよう！」】

> 「こんな動きをするきつつきを作りたい」と思ったことを言ってみよう。

「ゴムで動いていて面白い」「木を突いているよう」など、発表したことをほめる。

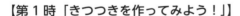

しくみを作る。鈴を洗濯ばさみに糸で付けることは教師が事前にしておくと
よい。ゴムの結び方は次のサイトからコンテンツをダウンロードするとよい。
(http://www.tos-land.net/teaching_plan/contents/7192)

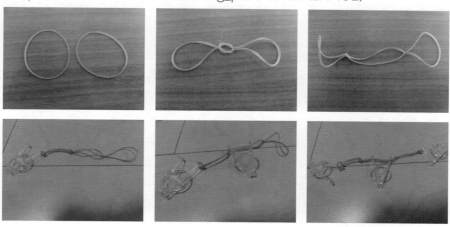

　第1時は、教師の指導のもと、頭・口・目・髪の毛・体・羽・模様・尾を確
認しながら、「きつつき」を作成し、作り方を確認する。動き方も確認する。

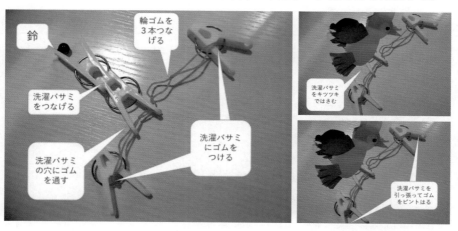

【第2時「対話をしながら、羽、飾り、目などを考えて作ろう！」】

顔の形、丸でもいいし、たまごの形でも良いよ、どんな形の顔にする？
くちばしは、とがっている？　笑っている？　閉じている？

次は目を作ろう。1つでも2つでもいいし、尖った目でも丸い目でもいいよ。

実際に見本を見せたり、黒板に描いたりして、視覚支援を行う。

先生は王様きつつきを作ったけど、みんなは、どんなきつつきを作りたい？

「炎のきつつき」「怒ったきつつき」「眉毛の長いきつつき」「リボンきつつき」

それに合わせて、模様を作ろう。羽に模様を付けてもいいし、まゆ毛を作ってもいいし、リボンを付けてもいいよ。

体を作ろう、簡単だよ。羽を作るよ、どんな羽にする？

こちらも見本を用意するとよい。紹介したサイトのコンテンツも参考になる。

羽や体に模様を付けよう。丸い模様、尖った模様、いろいろあるね。

尾っぽも、どんな形にするかな？　足を作ってもOK！

全て貼り付けよう。

両面テープで、きつつきを洗濯ばさみに貼って、完成だ！

【第3時「ゴムの動きに合わせて、オリジナルの作品を作ろう、見せ合おう！」】

　第2時で終わってもよい。子どもの実態に合わせ、発展としてオリジナル作品の作成をさせてもよい（早くできた子の時間を埋める形でもよい）。

ゴムの動きに合わせて、作ってみたい作品を考えよう。

「お猿さん作る！」「先生、木を作ってもいい？」

ヤシの木なんかいいかもね！

ロケット？　でも上には上がらないよ。

「逆さに貼ればいいんだよ、先生。」

なるほど、賢いなあ！　できたら友達と見せ合おう！

（高橋久樹）

自然からのおくりもの

▶▶ 身近な自然の色や形のおもしろさを楽しみ、鑑賞し合うことができる。

1 準備物

ダンボール（15cm×20cm）、園芸テープ（15cm×20cm）、
麻ひも、木工用ボンド、綿棒、白のポスターカラー
マーカーか修正ペン、 黒の油性ペン、新聞紙、
厚紙、見本作品、身近な材料の見本

作品の
動画配信を
しています。
→

2 本単元で学習するポイント

▶身近な材料を集めたり、並べたりすることを楽しむ。

▶集めた身近な材料の形や色の特徴を知る。

▶たがいのコレクション、作品の良さを見つける。

3 単元の流れ（全3校時）

1. 身近にある自然のものの色や形に興味を持ち、集める。
2. 集めたものの形や色を楽しみながら、配置を考える。
3. 配置した材料を木工用ボンドでダンボールのキャンバスに貼る。
4. 友達の作品を見て、好きなところ・いいところを発表し合う。

4 身近な自然のものを集める

これ、なあんだ？

どんぐりやまつぼっくり、葉、枝、種、石など身近に集められる材料の見本
を数種類ずつ見せる。また、それはどの辺りで手に入れられるかを想起させる。

身近にある自然のものを使ってお気に入りの作品を作ります。
作れそうかな？

このシナリオ "いいね" は "ここ"

「子どもたちが最も苦手とする接着の部分なども
具体的にしっかり教えることで確かな作品が完成できるだろう」

「作れそうかな」と問うことで自分たちも挑戦しようとする意欲を高める。

> どんぐりを何かの生き物に変身させたり、種を並べてきれいにキャンバスの
> 縁を飾ったり。まずは、校庭に出て、好きなものを集めて来よう。

5 ダンボールのキャンバスを作る

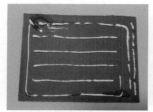  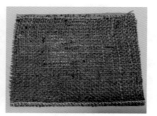

▲15cm×20cm に切ったダン　▲木工用ボンドを指で　　▲その上に15cm × 20cm に
　ボールに木工用ボンドをのせる。　塗り広げる。　　　　　　切った園芸テープをのせる。

◀新聞紙の間にはさみ、手
で押し付けて密着させる。

6 集めたものを形や色を生かし、配置する

> 集めたものをダンボールのキャンバスの上に並べてみよう。どんな形のも
> のを使うか、どんな色のものを使うか、ここからが、腕の見せ所だよ。

　キャンバスの向きは縦横どちらを選んでもよい。自分の集めたものを形や色を手掛かりにどう配置するかを考えさせる。色や形、大きさの変化を楽しんで並べるのもよい。

> じいっと材料を見つめていると何か別のものに見えない？
> 「こんなふうに見えたよ」とお隣さんに話してごらん。

　作品のイメージがわきにくくても、隣の子と話すことでイメージをもつことができる。「目をつける」「帽子をかぶせる」「枝を重ねて立体作品にする」など面白いアイデアが出てきたら、教師が全体に紹介し、広げる。

【種で花を作る方法】

　細かい材料が重なるところは、崩れやすい。ので、厚紙（牛乳キャップ）で台紙を作り、その上にパーツを接着して、別の場所で乾かしておく。ほぼ乾いてからキャンバスに接着する。

　ボンドは写真のように多めに絞り出しておかないと、乾いた時にポロポロ外れてくる。

　種や実は、校庭で見つけて来たもの以外に3年生の理科で育てるヒマワリの種を採取しておくと材料として利用できる。

【目を入れる方法】

　どんぐりや葉などに目を描き入れる際、油性ペンで○を描いただけでは、目立ちにくいので、ポスターカラーマーカー（白）か修正ペンで白い部分を描き、乾いてから黒目を入れるとよい。右の写真では、おなかになる部分も白く描いている。

> キャンバスに貼り付ける場所が決まったら、木工用ボンドで材料をキャンバスに貼り付けます。ボンドは、少し多めに絞り出します。

　ボンドの搾り出し口から直接、材料やキャンバスに出しにくい時は、いらない厚紙などの上にボンドを搾り出しておき、綿棒で必要な分だけすくって使うとよい。

7　作品鑑賞会を行う

> 友達が作った作品を見て、好きなところ、良いところを発表しましょう。

　まずは、完成した作品の写真5〜6枚を電子黒板に映し出し、1枚ずつ好きなところ、よいところを発表させていく。
　「種を雨のように降らせているのが上手です」
　「傘を差しているのがすきです」など。
　子どもたちが気付いたこと、発表したことをほめていくことで、友達の発言を聞いている子は、自分が気付かなかった鑑賞の視点を持つことができるようになる。
　次に自分の作品を机の上に置き、自由に友達の作品を見て回り感想を言い合う時間を設ける。
　作品鑑賞会をすることで、子どもたちの作品の見方、視点が広がり、より深い学びにつながると同時に、先生や友達にほめられ、「自分もやればできる」という自己肯定感が高まる。

（阿部美奈子）

シャボン玉とばそう

▶▶ たらしこみの技術を身に付け、作品に生かすことができる。

1 準備物

白画用紙、やわらかいクレヨンまたはパス、絵の具、
シャボン玉の見本作品

作品の
動画配信を
しています。
→

2 本単元で学習するポイント

▶絵の具のたらしこみのやり方を知り、できるようになること。

▶上を向いた人物の描法。

▶手の描法。

3 単元の流れ（全6校時）

1. 三原色でたらしこみ遊びをする。（45分×2）
2. シャボン玉を吹いている自分を描く。（45分×2）
3. 友達を描く。（45分×2）

4 たらしこみ遊びをしよう

できれば、事前にシャボン玉遊
びをやっておくと子どもたちの意
欲がより高まる。

先生の見本の作品を見せ、やっ
てみたいという意欲を高める。

> **このシャボン玉は、どうやって描いたのでしょう。**

「絵の具で描いている」「水でにじませている」「ぼやかしている」

「赤」「青」「オレンジ」「緑」「黄緑」「紫」「黄色」たくさん見つけられたこ
とをほめる。

赤、青、黄の３色を使いました。３つの色だけで色々な色が作れるのですね。

ここで、うまくにじんでいないシャボン玉を見せる。

このシャボン玉はどうしてきれいに
にじまなかったのでしょう。

「水が少なかったから」「絵の具が濃すぎた
から」「ぐちゃぐちゃと混ぜてしまったから」
など、見つけられたらしっかりほめる。

先生がやってみます。前に集まりましょう。

　水の加減など、話を聞くだけでは分かりにくいので、子どもたちを集めてやっ
てみせる。子どもたちの気付きの言葉を使って、大事なポイントを確認する。

【たらしこみのやり方とポイント】

① クレヨンで大、中、小のシャボン玉を描く。
　　丸い形だけでなく、楕円やいろいろな形を描く

② パレットに、赤、青、黄の絵の具を出す。筆を３
　　本用意し、赤専用、青専用、黄専用の筆にする。

③ もう一本、水専用の筆を用意する。シャボン玉の
　　中に、たっぷり水を塗る。斜めから見たら水で光っ
　　ているか確かめる。

④ そこに絵の具を付けた筆をそっとおく。絶対に筆でいじくりまわさない。

⑤ ２色まではきれいな色になるが、３色混ざると濁るので要注意。自信がな
　　い場合は、赤と青、黄と赤、青と黄の２色でにじませると失敗しない。

⑥ これは、あくまで「遊び」として楽しくやったほうがいい。半分くらいは
　　失敗してもいいつもりでやること。

⑦ 動かさないようにして乾かす。

5 シャボン玉で遊んでいる自分を描こう

> シャボン玉を吹いている自分を描きましょう。
> 下向きと上向き、どっちがシャボン玉を吹いている感じがしますか。

　「上を向く」「ちょっとななめ」など吹くまねをさせてみるとよい。吹いている感じが伝わるように、上向きの顔に挑戦させる。

　最初に、一番気に入っているシャボン玉を切り取って、画用紙の真ん中より上の方に貼る。

> この絵はどこから描いていると思いますか。

　1か所だけ鉛筆で描いているところを見つけ出させる。

　シャボン玉を吹いているストローである。唇や指が重なる部分なので鉛筆で描いておいてあとでなぞる。

> 上を向いている感じにするためには、鼻はどこに描けばよいでしょう。

　鼻は唇より画面の下にくる。鼻もさかさまに描くのである。

【上を向いている自分を描く順番とポイント】

▲ストローを鉛筆で描く　▲ストローを持っている手を描く　▲ストローをくわえている口を描く　▲鼻(逆さに)と目とまゆ毛、顔全体を描く　▲顔と一直線にならないように胴体を描く

▲腕を大きく
　つなぐ

▲自分のお気に入
　りの服を着せる
　（模様をしっかり
　描く）

▲色を塗る。
　友達を描く。
　シャボン玉を周り
　に貼る

6　いっしょに遊んでいる友達を描こう

> 友達を描きます。誰を描きますか。

　これから描く人物は誰なのかをしっかり決定してから描くことが大切である。誰だか分からずに描いていると、みんな同じようなお人形さんになってしまう。2人目、3人目になると人と人、人とモノがぶつかることになる。そこで、重なりを教えることもできる。もちろん、1人目を大きく描いた子は、友達を描かなくてもよい。

7　作品発表会をしよう

> 【例：作品紹介文】　私は、自分とシャボン玉遊びを一緒にした太朗さんを描きました。服は一番のお気に入りのお花の模様のワンピースにしました。最初は、シャボン玉がきれいにできないと思っていたけど、みんながきれいだねと言ってくれてうれしかったです。

（筒井隆代）

花火を見たよ！

▶▶ 色、形、大きさを考えながら、美しい花火を描くことができる。

1 準備物

黒画用紙、絵の具道具（白は多めに）、綿棒、
やわらかいクレヨンまたはパス

作品の
動画配信を
しています。
➡

2 本単元で学習するポイント

▶中心を決め、対称に色を置き、同心円状に花火を描く。

▶黒画用紙に彩色する。

▶逆さ顔や横顔の人物の描き方。

3 単元の流れ

1. 黒画用紙に描く時は、必ず白を混ぜて色を作り、花火を描く。
（45分×2）

2. 逆さ顔の人物の描き方を学ぶ。
（子どもの実態に合わせて横顔も指導することができる）（45分）

3. 途中でもお互いの作品を鑑賞し合い、仕上げをする。（45分）

4 描きたい気持ちを膨らませ、画用紙に花火を完成させる

> 打ち上げ花火を見たことがある人？

　子どもたちが描きたいという気持ちを膨らませるために、動画や写真などを
準備し、経験を思い出させる。

> 花火には、どんな色があったかな？

　赤や黄色などが出てくるであろう。

先生もね、花火がとってもきれいだったから、絵を描いてみました。

花火はどんなふうに上がっていましたか。

「シューーー、ボーン。シューーー、ボーン」

　声を出しながら動作化をしてみると、花火が真ん中から広がっていくイメージを持たせやすい。

　子どもたちの「描きたい」という気持ちを十分に高めることが大事である。

「空の色は何色でしたか」と聞くと、「黒」という声が上がるに違いない。

　その後、私の机の周りに集めて、絵の具をパレットに出し、いつものように、水で溶いて黒画用紙に塗ってみる。子どもたちからは「色がはっきりしない」「暗くて花火らしくない」などの意見が出てくるであろう。

　もう一度、花火の絵を見て、色が鮮やかに表現されていることを確認する。

この絵の色にはひみつがあります。絵の具のひみつが分かる人？

　子どもたちからは「白を混ぜるといい」と声が聞こえるであろう。今度は、白色を混ぜた絵の具を彩色する。ドロドロとしたケチャップくらいの濃さである。すると、はっきりとした色になる。実際にその場で、色作りを見せることで、子どもたちに白色を混ぜることは印象付けることができる。

> 花火はどこから描いたらいいかな？

　動作化の後なので、中心から描くという意見がでる。ところで、花火の中心を紙の真ん中に描いてしまうと、画面を左右２つに分けてしまい、画面の動きが少なくなる。そこで、中心から少しずらした場所から始めさせる。指を置かせて、教師が確認するとよい。

▲紙の中央からずらす　▲火花を上下に　　▲左右に　　　▲間を埋めて

　火花は、長さを変えたり、曲げたりしてよい。綿棒を使って、火花を点で表現してもよい。また、花火が飛び出す導線を描くと、高く上がるように見える。
　基本形を示した後で、他の花火の形を紹介する。実際の写真や子どもが描いた絵を紹介しながら、イメージを膨らませる。

　２つ目の花火は、１つ目とは高さを変えて描くと、広がりが生まれてくる。同じ高さに描かないように、話をする。また、大きさや色合いを変化させると、多様性がでてきて面白い。
　自分の描きたい花火を決めさせるが、「真似したい子は、先生の花火を真似してもいいですよ」と伝えると、アイデアがなかなか浮かばない子も安心して進められる。色や形をほんの少し変化させたことをほめて自信を持たせると、工夫しようという気持ちが生まれてくるのである。大いにほめてあげて欲しい。

　ただし、下まで描きすぎると、人物が描けなくなってしまうので、半分くらいまでで花火はやめておくように伝えておく。

5 花火を見ているわたしを描く

　まず、誰と見に行ったかを決める。

> 誰と花火を見に行ったのか、お隣さんに話しましょう。

　このストーリー作りが、絵を描くには欠かせない。自分が誰と見に行ったのか、どんな会話をしているかなど具体的に決めるからこそ、服装や持っているものが決まってくる。

　クレヨンで下書きを描いてから彩色する。クレヨンの色は、紫、緑、茶など濃い目の色がよい。逆さ顔や横顔の描き方は、他の事例を参考にして欲しい。

　黒画用紙の彩色は先に、目など、白い部分をドロドロの絵の具で塗る。手や顔など肌色は、黄土色＋黄色＋白で作るとよい。

6 友達の絵を見て、参考にする

　途中だが、花火と自分が完成したら、お互いの絵を見合い、良いところを伝え合う。

　子どもたちは、友達の作品を見ることで、参考にすることができ、花火や人物のポーズや服装など、アイデアが広がる。作品に描き足すことができるのである。

　ストーリーによっては、人物が増えたり、飼っている犬がいたり、お祭りですくった金魚やうちわなどを持っていたりするだろう。

　子どもの実態によっては、人物をコピー用紙で描いて貼り合わせる方法もある。こちらの方が失敗は少なくなる。試して欲しい。

（三浦よう子）

◎執筆者一覧　※印は編者

酒井臣吾　　　酒井式描画指導法研究会主宰　※
神谷祐子　　　大阪府公立小学校
本間尚子　　　新潟県公立小学校
佐々木智穂　　北海道公立小学校
田中裕美　　　三重県公立小学校
松浦由香里　　和歌山県公立小学校
安野信人　　　北海道公立小学校
勇　和代　　　大阪府公立小学校
大沼靖治　　　北海道公立小学校
市島直子　　　新潟県公立小学校
寺田真紀子　　大阪府公立小学校
伊藤新吾　　　北海道公立小学校
片倉信儀　　　宮城県公立小学校
前田晶子　　　大阪府公立小学校
原口雄一　　　鹿児島県公立小学校
柴田裕美子　　奈良県公立小学校
井上和子　　　徳島県公立小学校
藤野弘子　　　大阪府公立小学校
吉岡　繁　　　北海道公立小学校
冨築啓子　　　大阪府公立小学校
石橋浩美　　　大阪府公立小学校
関澤陽子　　　群馬県公立小学校
筑紫みお　　　大阪府公立小学校
田村ちず子　　大阪府公立小学校
木村雄介　　　大阪府公立小学校
谷岡聡美　　　大阪府公立小学校　※
高橋久樹　　　三重県公立小学校
阿部美奈子　　奈良県公立小学校
筒井隆代　　　大阪府公立小学校
三浦よう子　　新潟県公立小学校

◎監修者

谷　和樹（たに・かずき）

玉川大学教職大学院教授

◎編者

酒井臣吾（さかい・しんご）

谷岡聡美（たにおか・さとみ）

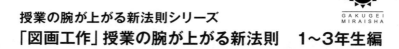

授業の腕が上がる新法則シリーズ

「図画工作」授業の腕が上がる新法則　1〜3年生編

2020年5月10日　初版発行

監　修　谷　和樹
編　集　酒井臣吾・谷岡聡美
執　筆　「図画工作」授業の腕が上がる新法則 1〜3年生編　執筆委員会

発行者　小島直人
発行所　株式会社学芸みらい社
　　　　〒162-0833　東京都新宿区箪笥町31箪笥町SKビル
　　　　電話番号 03-5227-1266
　　　　http://www.gakugeimirai.jp/
　　　　E-mail : info@gakugeimirai.jp
印刷所・製本所　藤原印刷株式会社
企　画　樋口雅子
校　正　境田稔信
装　丁　小沼孝至
本文組版　橋本　文

授業の腕が上がる新法則シリーズ　全13巻

監修：谷 和樹（玉川大学教職大学院教授）

新指導要領対応！

新教科書による「新しい学び」時代、幕開け！
2020年度からの授業スタイルを「見える化」誌面で発信！

4大特徴

基礎単元＋新単元をカバー	授業アイデア＆スキル大集合
授業イメージ、一目で早わかり	新時代のデジタル認識力を鍛える

各巻A5判並製
※印はオールカラー

激動する社会の変化に対応する教育へのパラダイムシフト ── 谷 和樹

　PBIS（ポジティブな行動介入と支援）というシステムを取り入れているアメリカの学校では「本人の選択」という考え方が浸透しています。その時の子ども本人の心や体の状態によって、できることは違います。それを確認し、あくまでも本人にその時の行動を選ばせるという方法です。これと教科の指導とを同じに考えることはできないかも知れません。しかし、「本人の選択」を可能にする学習サービスが世界的に広がり、増え続けていることもまた事実です。

　また、写真、動画、Webページなど、全教科のあらゆる知識をデジタルメディアで読む機会の方が多くなっているのが今の社会です。そうした「デジタル読解力」について、今の学校のカリキュラムは十分に対応しているとは言えません。

　子どもたち「本人の選択」を保障する考え方、そして幅広い「デジタル読解力」を必須とする考え方を公教育の中で真剣に考える時代が到来しつつあります。

　本書ではこうしたニーズにできるだけ答えたいと思いました。

　本書の読者のみなさんの中から、そうした問題意識をもち、一緒に研究を進めていただける方がたくさん出てくださることを心から願っています。

小学校教師のスキルシェアリング
そしてシステムシェアリング
―初心者からベテランまで―

授業の新法則化シリーズ
＜全28冊＞

企画・総監修／向山洋一
日本教育技術学会会長
TOSS代表

編集
執筆 **TOSS授業の新法則** 編集・執筆委員会

発行：学芸みらい社

　1984年「教育技術の法則化運動」が立ち上がり、日本の教育界に「衝撃」を与えた。そして20年の時が流れ、法則化からTOSSになった。誕生の時に掲げた4つの理念はTOSSになった今でも変わらない。
1. 教育技術はさまざまである。出来るだけ多くの方法を取り上げる。（多様性の原則）
2. 完成された教育技術は存在しない。常に検討・修正の対象とされる。（連続性の原則）
3. 主張は教材・発問・指示・留意点・結果を明示した記録を根拠とする。（実証性の原則）
4. 多くの技術から、自分の学級に適した方法を選択するのは教師自身である。（主体性の原則）
　そして十余年。TOSSは「スキルシェア」のSSに加え、「システムシェア」のSSの教育へ方向を定めた。これまでの蓄積された情報をTOSSの精鋭たちによって、発刊されたのが「新法則化シリーズ」である。
　日々の授業に役立ち、今の時代に求められる教師の仕事の仕方や情報が満載である。ビジュアルにこだわり、読みやすい。一人でも多くの教師の手元に届き、目の前の子ども達が生き生きと学習する授業づくりを期待している。

（日本教育技術学会会長　TOSS代表　向山洋一）

学芸を未来に伝える
☀ 学芸みらい社
GAKUGEI MIRAISHA

株式会社 学芸みらい社
〒162-0833 東京都新宿区箪笥町31 箪笥町SKビル3F
TEL:03-5227-1266（営業直通）　FAX:03-5227-1267
http://www.gakugeimirai.jp/
e-mail:info@gakugeimirai.jp

創刊記念1号

【特集】〈超有名授業30例〉
アクティブ・ラーニング先取り体験!
【ミニ特集】発達障がい児のアクティブ・
ラーニング指導の準備ポイント

A5判 並製 172ページ
定価:1500円+税
ISBN-13:978-4908637117

創刊2号

【特集】やりぬく、集中、忍耐、対話、創造…
"非認知能力"で激変!子どもの学習態度50例!
【ミニ特集】
いじめ —— 世界で動き出した新対応

A5判 並製 172ページ
定価:1500円+税
ISBN-13:978-4908637254

3号

【特集】移行措置への鉄ペキ準備
新指導要領のキーワード100
【ミニ特集】
いじめディープラーニング

A5判 並製 172ページ
定価:1500円+税
ISBN-13:978-4908637308

4号

【特集】"合理的配慮"ある
年間プラン&レイアウト63例
【ミニ特集】アクティブ型学力の計測と
新テスト開発の動向

A5判 並製 172ページ
定価:1500円+税
ISBN-13:978-4908637414

5号

【特集】"学習困難さ状態"
変化が起こる授業支援60
【ミニ特集】2学期の荒れ——
微細兆候を見逃さないチェック法

A5判 並製 168ページ
定価:1500円+税
ISBN-13:978-4908637537

6号

【特集】「道徳教科書」
活用考える道徳授業テーマ100
【ミニ特集】"小学英語"
移行措置=達人に聞く決め手!

A5判 並製 176ページ
定価:1500円+税
ISBN-13:978-4908637605

7号

【特集】教科書の完全攻略・
使い倒し授業の定石59!
意外と知らない教科書の仕掛けを一挙公開。
【ミニ特集】クラッシャー教師の危険

A5判 並製 180ページ
定価:1600円+税
ISBN-13:978-4908637704

8号

【特集】「主体的学び」に直結!
熱中教材・ほめ言葉100
新指導要領を教室で実現するヒント
【ミニ特集】教育改革の新しい動き

A5判 並製 172ページ
定価:1600円+税
ISBN-13:978-4908637872

9号

【特集】「通知表の評価言—
AL的表記への変換ヒント
【ミニ特集】学校の働き方改革
——教師の仕事・業務チェック術

A5判 並製 156ページ
定価:1600円+税
ISBN-13:978-4908637995

10号

【特集】黄金の授業開き
おもしろ導入クイズ100選
【ミニ特集】プロに聞く
"校内研修テーマ"の最前線

A5判 並製 156ページ
定価:1600円+税
ISBN-13:978-4908637117

11号

【特集】2～3学期の超難単元
楽しくトライ!授業アイデア50
【ミニ特集】東京オリ・パラ
=子どもに語るエピソード10

A5判並製 164ページ
定価:1600円+税
ISBN-13:978-4909783158

12号

【特集】「教え方改革」
新年度計画 働き方連動プラン54
【ミニ特集】子供に入る
"学級開き決意表明"シナリオ例

A5判並製 168ページ
定価:1600円+税
ISBN-13:978-4909783264